京津冀信息服务业
协同发展研究丛书

# 京津冀科技园区
## 协同创新的环链布局模式研究

郭　斌◎著

RESEARCH ON THE CHAIN LAYOUT MODEL OF
COLLABORATIVE INNOVATION IN
BEIJING—TIANJIN—HEBEI SCIENCE AND TECHNOLOGY PARK

北京市自然科学基金面上项目"京津冀科技园区环链布局与演化机制研究：基于跨区模块化协同创新视角"（9192007）

北京市教委科研计划重点项目"非首都功能疏解下中关村科技跨区环链模块化创新布局与演化研究"（SZ201810031019/ 17GLB079）

2019年北京市教委高校青年拔尖人才项目

经济管理出版社
ECONOMY & MANAGEMENT PUBLISHING HOUSE

**图书在版编目（CIP）数据**

京津冀科技园区协同创新的环链布局模式研究／郭斌著 .—北京：经济管理
出版社，2023.3
ISBN 978-7-5096-8963-9

Ⅰ.①京⋯　Ⅱ.①郭⋯　Ⅲ.①高技术园区—创新管理—规划布局—研究—
华北地区　Ⅳ.①F279.244

中国国家版本馆 CIP 数据核字（2023）第 045966 号

组稿编辑：王光艳
责任编辑：王光艳
责任印制：许　艳
责任校对：徐业霞

出版发行：经济管理出版社
　　　　　（北京市海淀区北蜂窝 8 号中雅大厦 A 座 11 层　　100038）
网　　　址：www.E-mp.com.cn
电　　　话：(010) 51915602
印　　　刷：北京市海淀区唐家岭福利印刷厂
经　　　销：新华书店
开　　　本：710mm×1000mm /16
印　　　张：11.5
字　　　数：166 千字
版　　　次：2023 年 4 月第 1 版　　2023 年 4 月第 1 次印刷
书　　　号：ISBN 978-7-5096-8963-9
定　　　价：68.00 元

# 前 言

  党的二十大报告指出,在新时代十年中我国不断贯彻新发展理念,着力推进高质量发展,推动构建新发展格局,实施供给侧结构性改革,制定一系列具有全局性意义的区域重大战略,我国经济实力实现历史性跃升。当前,虽然面对高度不确定性的全球市场竞争新趋势,以及我国经贸、科技面对发达国家的非正常竞争,还有自然灾害等潜在危机,但是京津冀各科技园区仍在积极协同行动。在京津冀协同发展战略背景下,以北京为核心,仍需继续发挥各产业园区的创新引领作用,完善高科技产业结构和区域产业布局,与津冀建立科学的战略合作关系,以实现产业链分工合作、资源互补、产业重构及生态合作,推动地区产业间协调发展而非同质竞争。特别是在推动我国迈上全面建设社会主义现代化国家、破除欧美等国家技术垄断及贸易围堵的新背景下,京津冀各园区更要提升其技术创新的联合拓展力,在国际分工及全球治理中更应有结合我国具体实际国情及世界各国利益诉求的强大话语权。除与其他国家科技园区在同一起跑线展开国际市场竞争外,京津冀科技园区还要不断探索符合新时代中国特色社会主义现代化建设规律、满足人民美好生活向往的技术创新路径。回顾 2017 年 4 月 1日,以习近平同志为核心的党中央为深入推进实施京津冀协同发展战略并积极稳妥有序疏解北京非首都功能,作出了设立河北雄安新区的历史性战略决定。在同年底的《关于加强京津冀产业转移承接重点平台建设的意见》中提出,立足三省市功能定位和优势明显、发展基础好的现有园区,打造若干特色鲜明、承载能力强的"2+4+N"重点平台载体,加快构建分工合理、协作有序、上下游联动的产业协同发展格局,即支持河北雄安新区高端高新产业发展、加快北京城市副中心产业优化升级，以及集中力量打造曹妃甸协同发展示范区、北京新机场临空经济区、张承生态功能区、天津滨海新区四大战略合作功能区。

同时，京津冀各地都在坚持产业转移与转型升级同步推进，支持共建了一批特色化产业合作平台，以推动京津冀创新园区链梯次布局。例如，依据《中关村国家自主创新示范区京津冀协同创新共同体建设行动计划（2016—2018 年）》，2018 年在京津冀的"4+N"重点区域，各地纷纷引入中关村科技园创新资源，初步形成了以园区创新链为骨干，以多个创业社区为支撑的协同创新共同体。中关村正逐步将园区创新创业服务资源引入津冀，相继建立中关村河北曹妃甸高新技术成果转化基地、承德节能环保及大数据产业集聚园区、石家庄（正定）中关村集成电路产业基地、雄安新区中关村科技园等重要的协同创新平台和载体。而定位为国家文化产业政策先行先试的实验田的国家文化产业创新实验区，自 2014 年落户北京市朝阳区以来，就肩负着建设文化产业革命探索区、文化经济政策的先行区和产业融合发展示范区的使命，是进一步服务北京市疏解非首都功能、构建"高精尖"经济结构、服务全国文化中心建设和京津冀文化产业协同发展的重要载体。随着国际政治局势及国内经济环境日益变化，京津冀科技园区的技术创新路径也要做适应性调整。由此，本书将其作为重点分析对象。在讨论京津冀科技园区如何进行技术创新时，发现其路径存在多样性，至少包括引进外部模仿与自主内部创新两种不同的机制逻辑。除合作联系外，还会有竞争关系。再从产业链供应链研究视角来看，其制度框架又内生于各地政府的治理能力，即怎样治理地区内多方市场参与主体，以组织作为资源有效配置的创新共同体。改革开放以来，京津冀科技园区技术创新脱胎于地区经济计划体制，并逐步添加各种技术要素的市场安排。在党的二十大以后，国内国际资源循环会加快各类创新资源流动，对京津冀科技园区技术创新产生有益影响。

通过引入国外多元化先进的技术创新路径，京津冀科技园区虽然未能获得全部的底层核心技术，但也彰显了适应我国社会主义市场经济体制的技术创新实力。纵观京津冀科技园区技术创新的现有实践会发现，其包含着对各类关键性创新资源循环布局进行控制的权力博弈。

如何布局京津冀科技园区创新空间结构，重塑区域高科技产业链接，推动异地资本产业化、技术人员流动、跨区知识技能转化，助力新旧产业承接疏解？京津冀科技园区在特有的经济社会情境下，各地科技园区易受某类创新资源的主导，约束了其技术创新决策。所以，不能完全拒斥调用其他园区资源，但也不能放弃催生出自立自强的国际创新力。于是，随着国内外形势变化，京津冀科技园区技术创新仍将经历"旧机制退出、新路径生成"的实践过程。既源自于制度变迁对市场体制的干预，又根植于其园区内外部各生产要素的互动关系。其间，京津冀科技园区不仅会遇到国家经济波动与政策调整的各种现实矛盾，还会面临其经营发展与改革创新的各类实践挑战，必然要去试错许多大相径庭的技术创新机制。此外，其演化路径也会随着产业链供应链变化而此起彼伏，或根据供应链变化而起落无常。最终，会形成促进各类资源合理配置的环链布局，并呈现出"共生—排他—共生"的动态过程。所以，本书试图在疏解北京非首都核心功能的背景下，基于跨区模块化协同创新视角探索京津冀科技园区环链布局与演化的逻辑机理，进行深入系统的调查研究，以及开展"互联网+"产业融合与转型升级的案例讨论，以期为"提升中关村科技创新引领作用，加速推进非首都功能疏解和'两翼'格局建设，激发京津冀创新要素活跃性，实现区域高新科技产业升级"提供有价值的实践参考。

# 目　录

# 第一章
# 京津冀协同创新政策要求与顶层设计

改革开放后，京津冀各科技园区从渐进式摸索创新到跨越式改革创新，形成了各具特色的创新发展模式。特别是北京中关村、天津滨海及唐山曹妃甸等科技园区，通过不断改革与持续创新，取得了巨大成绩。其主要表现为产品质量的提升和技术实力的增强。还有大部分园区企业也已摆脱经营困境，开始对当地经济发展做出显著贡献，并在关系重要行业和关键领域发挥着主导作用。但是，并非所有的科技园区技术创新都很成功，也存在"数量不少，但质量不高"的情况①。大多数只是名义上合作开发技术的假象，而形成自主创新或研发优势的实质性成果很少，未能超越从模仿依附向自主研发的拐点②，甚至部分科技园区引入跨国公司分支机构后也没有形成技术创新协作效应。

作为首都经济增长及京津冀协同发展的重要组成部分，各地园区需贯彻创新驱动发展战略，不断提升协同创新能力，推进核心技术攻关，并助力于区域加强基础科学研究应用，强化知识产权创造、保护及运用。当前，京津冀科技园区创新发展依然面临国内外发展环境不稳定性不确定性，很多发展问题都是要进入中长期后才能解决，必须从持久战的角度加以认识。习近平总书记提出"要推动形成以国内大循环为主体、国内国际双循环相互促进的新发展格局"③。构建资源双循环新发展格局为已进入新时代的京津冀科技园区面对国内外环境发生复杂变化如何协同创新提供了新思路，即重塑区域科技合作和增强整体创新竞争力的

---

① 姚冬琴. 推进"混改"，当前需警惕三大问题 [J]. 中国经济周刊，2014 (39)：40-42.
② 张文魁. 国资监管体制改革策略选择：由混合所有制的介入观察 [J]. 改革，2017 (1)：112-120.
③ 习近平. 在经济社会领域专家座谈会上的讲话 [N]. 人民日报，2020-08-25 (2).

战略抉择。习近平总书记多次深入论述了双循环新发展格局的概念内涵和逻辑目标，使其成为系统性的重大战略，对推进京津冀科技园区协同创新发展，确保"十四五"经济高质量发展开好局，起到了重要的指导作用。

# 第一节　党中央核心性指导原则

党的十八大以来，中国特色科技管理制度逐步完善，已取得良好的创新发展绩效。2020年，面对错综复杂的国内外政治经济形势及改革开放进入新时代阶段，党中央提出构建双循环新发展格局的重大战略部署。由此，京津冀各级政府也应鼓励各科技园区利用好国内大市场释放内需潜力，并运用国内国际两类市场资源，统筹处理好国内发展与对外开放的辩证关系，并引导链接各科技园区构建协同发展的全产业链供应链体系，推动区域技术创新及经济高质量发展，加快形成更高层次开放型协同创新发展新体制。依靠各科技园区协同创新不仅深入推动了区域供给侧结构性改革，而且还更加主动地融入全球创新网络中。

"坚持创新在我国现代化建设全局中的核心地位。"① 京津冀科技园区协同创新发展是构建新发展格局的重要一环，有助于推进地区新旧动能转换，从供给侧入手调节供需结构矛盾，推动区域传统产业优化升级。在国际开放合作中，京津冀科技园区也应提升自主创新能力。特别是面临发达国家对我国科技封锁打压时，京津冀科技园区不能自我封闭，而要参与到更广泛包容、互惠共享的国际科技合作中。与传统依赖中低端出口的外向型模式不同，在构建新发展格局的战略要求下，京津冀科技园区要抓住新科技革命机遇，由被动转为主动，不断加强核心技术研发力度，打破国外技术垄断。构建新发展格局的同时也敦促京津

---

① 中共中央关于制定国民经济和社会发展第十四个五年规划和二〇三五年远景目标的建议［N］. 人民日报，2020-11-04（1）.

冀科技园区企业利用好国内国际两个市场来配置科技资源，形成更开放的发展模式，即积极参与全球贸易投资及"一带一路"建设。在"引进来"的同时，敢于"走出去"。此外，要在畅通国内大循环实现高质量供给的基础上调整对外进出口结构，改变全球低端劳动资源密集型的生产模式。尽管京津冀科技园区协同创新发展也要具备国内国际的总体视野，但更应将区域创新资源循环视为推动国际科技合作的力量基础，聚焦于增强自主品牌国际竞争力，为京津冀协同创新发展开辟更广阔空间。

## 一、坚持马克思主义理论指导

在《〈政治经济学批判〉导言》中分析了由生产、分配、交换和消费等环节组成的一般资本循环。"构成一个总体的各个环节"，虽然"在一个统一体内部有差别"，但是"生产既支配着与其他要素相对而言的生产自身，也支配着其他要素"[1]。实物资料生产是社会生产生活的物质基础，也支配着分配、交换和消费等环节。"一定的生产决定一定的消费、分配、交换和这些不同要素相互间的一定关系。"[2] 要从马克思物质生产循环总体过程中的辩证关系出发，把握新发展格局的建构逻辑。生产力与生产关系的辩证关系是构建新发展格局的根本动力。一方面，是基于我国社会生产力发展现状而在生产关系上做出的整体应对，由我国现实科技生产力水平决定，并以作用于未来社会生产力向更高层面发展为战略目标；另一方面，是要破解进入新时代后我国"人民日益增长的美好生活需要和不平衡不充分的发展之间的矛盾"，应以科技自主创新为抓手，驱动社会生产力全面发展，疏通国内国际资源循环，改变现有社会生产关系中不平衡不充分的问题[3]。另外，经济基础与上层建筑间的矛盾运动是形成新发展格局的演化条件。不仅

---

[1] 《政治经济学批判》导言 [M] //中共中央马克思恩格斯列宁斯大林著作编译局. 马克思恩格斯选集（第2卷）. 北京：人民出版社，2012：699.

[2] 《政治经济学批判》导言 [M] //中共中央马克思恩格斯列宁斯大林著作编译局. 马克思恩格斯选集（第2卷）. 北京：人民出版社，2012：699.

[3] 周中胜，李卓，周胡迪. "双循环"新发展格局下制造业企业转型升级的理论逻辑、战略方向与实现路径 [J]. 苏州大学学报（哲学社会科学版），2022，43（1）：38-48.

是经济层面的发展，还同政治、文化、社会、生态等方面有着现实联系。党的十九届五中全会指出"坚持党的全面领导，坚持和完善党领导经济社会发展的体制机制，坚持和完善中国特色社会主义制度，不断提高贯彻新发展理念、构建新发展格局能力和水平"①。所以，我国社会主义制度优势也是保障京津冀科技园区参与新发展格局进行协同创新的必要条件。

要坚持用马克思主义理论指导京津冀科技园区协同创新发展。改革开放后，京津冀科技园区发展之所以能取得巨大业绩，主要原因在于各地政府坚持马克思主义理论引导，充分认识到马克思关于生产力与生产关系、经济基础与上层建筑的矛盾运动规律，并在科技园区创新实践中遵循马克思主义基本原理②。科技园区制度本质上属于生产关系范畴，必须适应社会生产力发展要求，并不断调整其创新模式以释放新的社会生产力。"科技创新是提高社会生产力和综合国力的战略支撑"③，京津冀科技园区应"自觉通过调整生产关系激发社会生产力发展活力"④。近年来，世界市场不确定风险增加，国际政治局势持续动荡。加之，国内各地区经济进入新常态，已由高速增长阶段转向高质量发展阶段。所以，京津冀科技园区应在现有实践中找准创新发展的正确方向，从参与国际创新资源循环转为国内国际双循环，坚持走中国特色自主创新道路，以破解现有要素价值生产关系对地区生产力发展造成的障碍，依靠提升自主创新能力驱动区域经济可持续稳定发展。

## 二、坚持中国共产党统一领导

京津冀科技园区协同创新发展始终要坚持党的集中统一领导，在

---

① 第十三届全国人民代表大会第四次会议关于国民经济和社会发展第十四个五年规划和 2035 年远景目标纲要的决议 [J]. 中华人民共和国全国人民代表大会常务委员会公报，2021（3）：428-502.

② 金民卿. 改革开放是具有鲜明个性的伟大社会革命 [J]. 马克思主义研究，2018（11）：40-49.

③ 习近平. 在中国科学院考察工作时的讲话（2013 年 7 月 17 日）[M] //中共中央文献研究室. 习近平关于科技创新论述摘编. 北京：中央文献出版社，2016：21.

④ 习近平. 在纪念马克思诞辰 200 周年大会上的讲话 [M]. 北京：人民出版社，2018：18.

京津冀协同发展、非首都功能疏解、构建新发展格局的背景下更应如此。历史经验表明，中国共产党领导了中国特色社会主义区域科技创新发展实践。尽管道路艰辛曲折，但取得了伟大的成就。改革开放以来，围绕社会主义市场经济体制改革目标，党中央召开过多次会议并出台多项重要的区域发展规划。大胆借鉴引入世界各国甚至是发达国家提高现代社会化生产力的科技园区经营孵化经验。进入新时代，习近平总书记提出要旗帜鲜明地坚持党对京津冀科技园区协同创新体制的全面领导，统筹谋划区域创新资源配置。以提升自主创新能力为突破口，强力推进实现京津冀高质量创新发展。构建资源循环格局下京津冀科技园区协同创新路径的关键是要发挥中国共产党的核心领导作用。

坚持党的领导既是构建资源循环格局的政治力量，更是确保京津冀科技园区协同创新与平稳发展的政策保证。习近平总书记强调"能不能驾驭好世界第二大经济体"，"从根本上讲取决于党在经济社会发展中的领导核心作用发挥得好不好"[1]。所以，京津冀科技园区协同创新必须坚持党来掌舵定向，即由中国共产党来领导其准确把握京津冀产业协同发展的历史方位，全面洞察世界新科技革命带来的机遇与挑战，明确京津冀协同发展的指导思想，为引领京津冀科技园区模块化协同创新环链布局提供强大的战略定力。同时，中国共产党要领导京津冀科技园区在坚持稳中求进中协同创新的工作总基调，明晰区域各产业现代化转型的根本原则，厘清资源循环规律与协同创新经验，为资源循环下京津冀科技园区激发创新活力。此外，中国共产党领导京津冀科技园区协同创新，要以围绕释放区域生产力为根本任务，健全改革保障机制和创新落实机制，根本在于"把方向、管大局、保落实"。

## 三、坚持京津冀协同创新发展

2020年，习近平总书记在深圳经济特区建立40周年庆祝大会上指

---

① 习近平. 论坚持党对一切工作的领导［M］. 北京：中央文献出版社，2019：102.

出，我国"正在形成以国内大循环为主体、国内国际双循环相互促进的新发展格局"①。习近平总书记强调要把满足内需作为发展的落脚点，着力打通生产、分配、流通及消费各个环节，以逐步建立新的发展格局。当然，这绝不意味着仅有封闭的国内循环，还包含着开放国际循环的双循环。我国庞大的国内消费需求为其他国家提供了广阔的市场机遇，已成为吸引国际商品投资和全球要素资源的巨大引力场。

京津冀协同创新发展进入新的历史发展阶段，必须贯彻新发展理念并顺应新发展格局，是由我国各区域经济社会发展现实及理论逻辑共同决定的②。加快构建新发展格局是关系京津冀协同发展的重大战略，要从国家战略全局的高度来准确把握和积极推进。构建新发展格局的关键在于经济循环的畅通无阻，其最本质的特征是实现高水平的自立自强、更加强调自主创新③。作为区域科技创新的重要载体，京津冀科技园区要高度重视新发展格局下协同创新发展被赋予的新的战略使命。

京津冀经济实力及地位在全国排名中居于前列，与世界各地的经济联系也很紧密。双循环带来的新科技会促使京津冀科技园区自主创新能力和各产业科技水平大幅提升。在《中共中央关于制定国民经济和社会发展第"十四五"个五年规划和二〇三五年远景目标的建议》中提出，坚持创新在区域经济发展中的核心地位，将科技自立自强作为增强区域发展活力、创新竞争力和抗风险能力的重要支撑力量。强化科技创新能力是提升京津冀科技园区核心竞争优势并摆脱受制于人困局的根本途径。而且，京津冀科技园区必须在原始创新上着力开展自主开发，下苦功夫突破前瞻性核心技术。在激烈的市场竞争中，尽快培育一批能够支撑科技重大战略需求、积极参与国际科技竞争合作的科技园区。但京津冀各科技园区科技自主创新并不等同于单想独干，同时要秉持开放协作的理念，参与跨区多方交流合作。"充分利用全球

① 习近平. 在深圳经济特区建立 40 周年庆祝大会上的讲话 [M]. 北京：人民出版社，2020：6.

② 王振中. 新发展格局明确了我国经济现代化的路径选择 [J]. 政治经济学研究，2021（3）：10-14.

③ 黄群慧. 新发展格局的理论逻辑、战略内涵与政策体系——基于经济现代化的视角 [J]. 经济研究，2021（4）：4-23.

创新资源，在更高起点上推进自主创新"①。高科技在全球范围不断扩散融合，使开放合作成为科技创新的必然要求。京津冀科技园区必须紧盯世界新科技革命潮流，不断与不同组织加强科技创新合作，并在全球范围内形成创新共同体，以共享科技创新成果。

## 四、坚持提升区域产业现代化

改革开放初期，京津冀科技园区受财政分权限制，缺乏地区间产业对接，以至于各地主要商品及要素资源不易于跨地区自由流动。此外，由于存在制度性市场分割，也降低了创新资源配置效率，不利于京津冀各地间产业协同发展。例如，受户籍影响而产生的交医保、受教育等问题，严重制约了劳动力跨区域流动。党中央高度重视强化京津冀各地间产业政策衔接，推进其科技园区加速创新以带动各类商品及生产要素在区域内实现合理优化配置。以求同存异为原则，京津冀各级政府促进多地科技园区间的创新合作与科技交流，并加强资源要素整合力度与制度创新，打通区域内循环障碍，为畅通区域及全国资源循环提供了保障。同样，京津冀各科技园区也存在管理制度差别而导致的商品要素跨区流动冲突，造成了科技创新效率低下、各地科技发展不平衡等问题。习近平总书记强调构建新发展格局"不仅是中国自身发展需要，而且将更好造福各国人民"②。通过加入世界贸易组织或建立自贸港区，放宽关税标准、市场准入等对外经贸制度，以畅通国际循环，促使京津冀科技园区企业积极参与其他国家的科技创新协作。例如，签订《区域全面经济伙伴关系协定》（RCEP）会促进京津冀科技园区企业在科技贸易投资、知识产权保护等方面建立起跨国多边合作机制，减少科技创新所需资源配置壁垒，促进区域产业一体化

---

① 习近平. 在十八届中央政治局第九次集体学习时的讲话（2013年9月30日）[M] //中共中央文献研究室. 习近平关于科技创新论述摘编. 北京：中央文献出版社，2016：43.

② 习近平. 在第三届中国国际进口博览会开幕式上的主旨演讲 [N]. 人民日报，2020-11-05 (2).

建设。

　　京津冀部分科技领域已从过去跟跑进入并行领跑阶段，面临着产业链供应链不稳定、国内外市场前景不明朗等问题。习近平总书记指出"我们比以往任何时候都更加需要强大的科技创新力量"①。当前，京津冀科技园区要坚持把创新作为引领发展的第一动力，并以满足各地群众高质量生活需求为落脚点，建立现代化协同创新体系。国内国际资源循环畅通为激发科技创新创造了必要条件。作为京津冀协同创新发展主体，各科技园区可率先组建跨区产业创新联盟来配置创新资源，以逐步形成安全稳定的区域性现代化产业链供应链体系，并在全球价值链中占据科技竞争力高位，再反过来推动京津冀协同发展。例如，将中心城市科技园区（北京中关村、天津滨海）列为区域高端服务支撑和产业综合实力输出的功能总部，再按照《工业强基工程实施指南（2016—2020 年）》编制核心基础零部件、关键基础材料、先进基础工业、产业技术基础等创新目录来布局与京津冀产业升级相匹配的城市空间。以此建成链接国际的科创产业区，并示范引领周边多点城市科技园区来支撑主产业链，加速推动特色共性科技专业化聚集，构建起现代化京津冀产业发展共同体。不仅使园区龙头企业沿产业链供应链垂直整合与横向贯通，以形成高科技产业集群，释放了市场化资源并导入区域内专精特新中小企业，还使其成为科技服务管理平台，带动其他关联企业共同发展。

## 第二节　国家创新战略顶层设计

　　进入改革开放新阶段，面对错综复杂的国内外形势，为推动更高层次、更高质量的开放型经济，党中央提出加快构建新发展格局的重

---

　　① 习近平. 在中国科学院第十七次院士大会、中国工程院第十二次院士大会上的讲话（2014 年 6 月 9 日）［M］//中共中央文献研究室. 习近平关于科技创新论述摘编. 北京：中央文献出版社，2016：27.

大战略，其核心是在新形势下培育京津冀科技园区提升自主技术协同创新能力，从而形成安全可控的产业链供应链体系，应对国际市场竞争并推进区域经济稳定。从国际来看，受国际单边保护主义影响，世界经贸往来大幅萎缩，全球经济也出现衰退迹象。在不确定性增强的国际环境中，京津冀科技园区需通过协同创新来驱动其深入发展，以增强国际竞争新优势，防范国际产业链供应链断裂而引发的系统性风险，提升京津冀地区对复杂多变国际政治经济新形势的适应力。从国内来看，我国经济总体上保持可持续发展势头，正由高速增长转向高质量发展，由要素驱动转为创新驱动，从扩大规模转向升级结构。通过京津冀科技园区协同创新，建成完整安全的区域全产业链供应链，是推动京津冀经济高质量发展的基本前提。如果缺少自主创新能力，就很难实现新旧动能转化，无法在严峻的国际环境中保证京津冀协同发展。当今世界正处于百年未有之大变局中，唯改革方能发展，唯创新方能强大。依靠科技园区跨区协同创新，京津冀各地才能把控产业链供应链，以支撑其经济自立自强①。

在构建新发展格局背景下提升京津冀科技园区协同创新能力，是根据京津冀各地实际发展现状和国外具体环境变化做出的前瞻性战略决策和全局性顶层设计。进入新时代，在宏观政策上，京津冀各地要继续坚持实施创新驱动发展战略，不断提升其科技园区治理体系和治理能力的现代化水平，规范区域市场秩序，并优化营商环境，通过发布战略性科技协作规划，大力推动核心技术联合突破；在中观产业上，全面加速京津冀现代产业链供应链融合升级，通过供给侧结构性改革，保持区域各产业在不稳定的国际新形势下的增长韧性，推进京津冀经济社会可持续发展；在微观企业上，京津冀科技园区亟须增强自主创新动力，鼓励其科技企业敢于尝试并建设强大人才队伍，借助创新资源双循环体系打通产品研发设计、生产加工、流通消费等各环节，融入区域完善的全产业链供应链，进而降低对发达国家技术的依赖性。京津冀科技园区应抓住新时期构建新发展格局为其跨区协同创新创造

---

① 程恩富，吴文新. 论自主创新的若干问题 [J]. 红旗文稿，2019（18）：27-29.

的大好机遇。畅通资源循环会形成国内国际两种资源对接互促的体制机制，加强创新知识产权保护，优化公平竞争制度环境，构建高标准科技市场体系，提高创新要素运行效率。以此，为京津冀科技园区协同创新降低资源配置门槛，激发创新活力，并带动全社会创造力提升。

## 一、宏观国家治理

国家创新战略顶层设计需要宏观国家治理制度创新。国家治理体系和治理能力现代化是新发展格局下京津冀科技园区协同创新的政策驱动和政治保障。在改革开放新阶段下，坚持国家治理制度创新全面引领深化改革与创新发展，确保京津冀科技园区协同创新实现重大突破。党的十九届四中全会再次强调利用好我国社会主义制度和国家宏观经济治理所具有的显著优势，并将其作为推进资源循环新格局构建和京津冀科技园区协同创新能力提升的前提条件。目前，我国处于实现中华民族伟大复兴的关键期，但京津冀各地发展尚不平衡不充分，以及国际局势也不稳定不确定，未能满足区域群众对美好生活的向往，区域经济综合治理难度显著增加，更应以京津冀科技园区协同创新为根本动力。在新科技革命中，部分涉及国家安全发展的制造业领域，要发挥出我国社会主义国家宏观治理优势，强化国家战略科技力量。"制定科技强国行动纲要，健全社会主义市场经济条件下新型举国体制，打好关键核心技术攻坚战，提高创新链整体效能"①。以扶持京津冀科技园区协同创新为核心任务，继续优化国家科技创新体制结构及规划运行机制。以双循环市场为导向来构建区域产业新发展格局，京津冀各级政府强化科技园区源头资源供给力和协同创新力，"塑造更多依靠创新驱动、更多发挥先发优势的引领型发展"②。

---

① 中共中央关于制定国民经济和社会发展第十四个五年规划和二〇三五年远景目标的建议 [N]. 人民日报，2020-11-04 (1).
② 中共中央关于制定国民经济和社会发展第十三个五年规划的建议 [N]. 人民日报，2015-11-04 (1).

### （一）治理体系能力现代化

"一个国家选择什么样的国家制度和国家治理体系，是由这个国家的历史文化、社会性质、经济发展水平决定的。"① 我国社会主义治理体系是在国家治理实践中，不断将马克思主义基本原理和具体实际国情相结合，并在国内各区域经济社会改革与开放的探索中，将成功经验转化为京津冀协同发展的制度成果，充分体现了我国社会主义制度的政治优势。改革开放初期，京津冀各地经济社会治理主要以高速增长为目标，利用区域人口资源禀赋优势融入国内外市场竞争中，以转化为产业增长的强大势能。随着我国发展环境变化，国家治理形式也需相应调整，京津冀各地的治理模式也在与时俱进。"治理能力现代化也是一个动态过程，不可能一蹴而就，也不可能一劳永逸"②。进入新时代，将提升京津冀科技园区协同创新能力作为区域创新驱动新发展格局的重要举措，是随着区域经济发展由高速转向高质量，京津冀各类产业也由粗放扩大规模转向集约创新升级而提出的。而且，我国社会主要矛盾、国际贸易条件、区域群众需要都发生了巨大变化，这就要求京津冀治理体系和治理能力的现代化建设必须紧随我国当前经济社会实践及制造业发展需求而向前推进。"既不能过于理想化、急于求成，也不能盲目自满、故步自封"③。例如，在京津冀各地的关系上，明确事权财权，推进职能互补，促使整体与局部协调发展；在政府和市场关系上，形成有效市场和有为政府，市场决定资源配置，政府在尊重市场规律的基础上，通过京津冀协同发展规划和产业转型政策进行宏观调控指导，形成政府与市场的良性互动。

---

① 习近平. 坚持和完善中国特色社会主义制度、推进国家治理体系和治理能力现代化（2019 年 10 月 31 日）［M］//习近平谈治国理政：第三卷. 北京：外文出版社，2020：119.

② 习近平. 坚持和完善中国特色社会主义制度、推进国家治理体系和治理能力现代化（2019 年 10 月 31 日）［M］//习近平谈治国理政：第三卷. 北京：外文出版社，2020：127.

③ 习近平. 坚持和完善中国特色社会主义制度 推进国家治理体系和治理能力现代化［J］. 社会主义论坛，2020（1）：4-7.

## （二）营商秩序环境规范化

畅通资源循环的重点是解决新时期京津冀各地供需不匹配带来的新挑战，需要规范相适应的市场秩序。通过深化区域经济综合治理改革，建立公平有序的市场竞争环境，破除现有治理机制藩篱，充分发挥市场机制的资源配置作用。作为社会主义市场经济微观创新主体，京津冀科技园区是在构建新发展格局下落实区域供给侧结构性改革的中坚力量，需要通过优化营商环境来保障各地科技园区的平等权利，以更好地激发其协同创新活力。一是强化社会主义市场经济法治保障，即公平竞争的科技市场秩序、开放统一的创新合作体系、自由流动的资源要素结构及有效执法的产权监督保障，都要依靠建立完备的京津冀区域性法律法规，如创新创业立项、侵权申诉仲裁、退市破产清算等各项制度。二是加强科技知识产权保护，有利于高效配置创新资源要素，激发京津冀科技园区协同创新活力，促进其创新成果产业化落地，如确认数字资产权利等。习近平总书记指出"知识产权保护工作关系国家对外开放大局"[①]。作为社会主义现代化建设的重要组成部分，知识产权保护是各类要素市场化改革的推进剂，也是国家安全工作的重要环节，涉及保护京津冀各科技园区核心技术免受国际侵权危害。三是营造国际化、法治化的营商环境，使京津冀建立更高水平的开放型经济，主要包括健全公司制股份制、开放自贸区免税港、消除非关税贸易壁垒、完善外资审查监管、实施外商投资条例等。

## （三）战略性发展规划纲要

在《国家中长期科学和技术发展规划纲要（2006—2020 年）》中坚持把"建立以企业为主体、市场为导向、产学研相结合的技术创新体系"[②] 作为建设国家创新体系的突破口，也就是要形成京津冀科技园

---

① 习近平. 全面加强知识产权保护工作 激发创新活力推动构建新发展格局 [J]. 求是，2021（3）：4-10.

② 胡锦涛. 高举中国特色社会主义伟大旗帜，为夺取全面建设小康社会新胜利而奋斗（2007 年 10 月 15 日）[M] //胡锦涛文选：第二卷. 北京：人民出版社，2016：629.

区协同创新的区域发展战略。党的十九届四中全会从强化战略科技力量、鼓励支持原创研究、健全基础创新体系及弘扬科学工匠精神等方面提出的要求，为深化京津冀科技园区协同创新提供了新思路：一是联合区域其他园区建设跨学科协同创新平台，整合优化科技创新资源；二是全面加强各科技园区基础理论研究，从创新链最前端科学做起，进一步加大相应资金人才投入；三是建立京津冀政产学研创新联盟，加快形成良好的产业创新生态。进入新常态后，拥有科技重大突破的京津冀科技园区才是战略性新兴产业自主创新的重要主体。《"十二五"国家战略性新兴产业发展规划》和《"十三五"国家战略新兴产业发展规划》都以"自主创新、重点跨越"为指导方针，体现出京津冀科技园区协同创新的重要性，还指出未来京津冀协同发展趋势既要与国际接轨并合作交流，又必须坚定不移走中国特色自主创新道路。党的十八大以后，我国又制定了《深化科技体制改革实施方案》，将国家重点基础研究发展计划（973 计划）、国家高技术研究发展计划（863 计划）及国家科技支撑计划等整合为国家重点研发计划。进入新时代，我国战略性发展规划从鼓励跟踪模仿向加强自主创新转变，形成引进吸收与原创集成相结合的再创新模式，从根本上要求京津冀科技园区增强协同创新能力。

## 二、中观产业提升

在经济全球化背景下，国际市场竞争是产业链竞争，而国家经济安全则是供应链安全。京津冀科技园区只有拥有强大的自主创新力，才能把握住产业链供应链控制力。进入新时代，虽然国内制造业规模超过了许多发达国家，但京津冀科技园区技术创新力还有很大差距，大多仍处于全球产业分工中低端。很多核心技术依然要从发达国家进口，如数控机床、高端芯片、航空发动机等关键领域，存在"卡脖子"风险。党的十九届五中全会对京津冀科技园区协同创新部署了当前亟待做好的工作任务①：一是关注科技前沿，加强基础研究，注重原始创新，强化制造业科技创新力；二是聚焦工业"四基"② 领域核心技术，集中攻关；三是强化区域协同创新领导力，坚持科技自主，锻造产业链供应链长板。自立自强与开放合作并不对立。"越是面临封锁打压，越不能搞自我封闭、自我隔绝，而是要实施更加开放包容、互惠共享的国际科技合作战略"③。在新发展格局下，自立自强是开放合作的前提，京津冀科技园区只有强化自主创新力，才能在国际竞争中有力维护产业链供应链稳定；开放合作是自立自强的动力，只有主动融入全球创新网络，才能以全球视野谋划自主创新方向。面向绿色可持续发展、世界经济危机、自然灾害防控等全球重大课题，京津冀科技园区在加快自主创新、保障高质量供给的同时，还要积极协同参与国际合作，推进多边科技开放共享。

## （一）产业链供应链融合

虽然当前我国已成为全球制造业大国，也是世界第二大经济体，又拥有联合国行业门类最齐全、产业最完整、规模最庞大的现代工业体系，但进入新常态后，京津冀各地产业链供应链暴露出明显差距，大多科技园区仍处于工业制造微笑曲线中段。如表1-1所示，由于未掌握核心技术，也被锁定在全球产业分工中下游，难以满足人民群众美好生活需要。所以，亟须提升京津冀科技园区协同创新能力，以建成体系完整、环节紧密、集约高效和稳定安全的现代化制造业供应体系，为构建新发展格局打好底层基础。《"十四五"规划和2035年远景目标纲要》聚焦于激活金融数据等要素潜能，将"分行业做好供应链战略设计和精准施策，形成具有更强创新力、更高附加值、更安全可靠的产业链供应链"上升为国家战略。作为世界经济贸易大国，持续

---

① 刘鹤. 加快构建以国内大循环为主体、国内国际双循环相互促进的新发展格局 [J].党的生活（河南），2020（23）：4.

② 核心基础零部件和元器件、先进基础工艺、关键基础材料、产业技术基础，简称"四基"。

③ 习近平. 在科学家座谈会上的讲话 [N]. 人民日报，2020-09-12（2）.

推进产业链延伸和供应链畅通，也是提升京津冀科技园区协同创新能力的重要基础。《国家创新驱动发展战略纲要》提出"资源配置从以研发环节为主向产业链、创新链、资金链统筹配置转变"①。京津冀科技园区协同创新最终是要实现产业链供应链协同的现代化转型，凭借提升各园区产业协同创新能力和供应基础能力来加速各地各生产要素流动，优化创新链，提升价值链，形成多链深度融合的京津冀现代化制造业体系。《推动物流业制造业深度融合创新发展实施方案》提出要以产品供应和物流服务为载体，可推动京津冀科技园区跨境供应链建设，融合各地产业链供应链，补齐国内大循环，以实现区域高质量发展。

（二）产业链供应链升级

党的十九届五中全会指出"提升产业链供应链现代化水平"②。既是对京津冀加快产业转型升级、实现区域经济高质量发展提出的重要任务，也是进一步提升京津冀科技园区协同创新的重要途径。京津冀现已拥有较为全面的产业体系、功能完备的基础设施、行之有效的配套能力。同时，国内市场规模庞大，即产业链完整、供应链多样。但是，京津冀产业链各环节不平衡不充分，供应链各环节不紧凑不稳定，需要加快各地科技园区协同创新来避免产业链供应链脆弱松散。近年来，非经济因素经常会冲击京津冀产业链供应链，科技"卡脖子"情况频发，的确暴露出区域科技园区创新缺陷。但是，经济全球化趋势不会变，我国巨大的内需市场仍有吸引力。"善于在危机中育先机、于变局中开新局"③。所以，京津冀各科技园区要以"强化国家战略科技力量，提升企业技术创新能力，激发人才创新活力，完善科技创新体

---

① 李克强. 中共中央　国务院印发《国家创新驱动发展战略纲要》［N］. 人民日报，2016-05-20（1）.

② 李克强. 中华人民共和国国民经济和社会发展第十四个五年规划和 2035 年远景目标纲要［N］. 人民日报，2021-03-13（1）.

③ 李克强. 中华人民共和国国民经济和社会发展第十四个五年规划和 2035 年远景目标纲要［N］. 人民日报，2021-03-13（1）.

表1-1 2019年我国15个主要制造业供应链进出口情况

| 大类行业<br>（加工贸易占比） | 主要行业 | 出口前五位<br>占比（%） | 进口前五位国家或地区 | 进口前五位<br>占比（%） | 进口<br>集中度 |
|---|---|---|---|---|---|
| 汽车制造业<br>（36%） | 整体 | 37.10 | 德国，日本，美国，斯洛伐克，英国 | 80.40 | 高 |
| | 乘用车 | 41.08 | 德国，日本，美国，斯洛伐克，英国 | 89.87 | 高 |
| | 零部件 | 53.08 | 德国，日本，韩国，美国，英国 | 75.63 | 高 |
| 电气机械和器材制造业（31%） | 整体 | 35.21 | 日本，德国，美国，韩国，中国台湾 | 47.20 | 中 |
| | 电机制造 | 45.64 | 日本，德国，美国，韩国，中国台湾 | 53.72 | 高 |
| | 输配电及控制设备 | 50.33 | 日本，德国，韩国，中国台湾，马来西亚 | 45.72 | 中 |
| 石油加工、炼焦和核燃料业（4%） | 整体 | 55.78 | 俄罗斯，沙特阿拉伯，澳大利亚，伊拉克，安哥拉 | 44.96 | 高 |
| 化学原料及制品制造业（21%） | 整体 | 40.6 | 韩国，日本，美国，中国台湾，法国 | 50.7 | 高 |
| 通信设备、计算机及其他电子设备元器件（64%） | 计算机产品 | 62.99 | 中国台湾，日本，韩国，马来西亚，泰国 | 32.41 | 中 |
| | 通信设备 | 66.67 | 泰国，中国台湾，韩国，菲律宾，马来西亚 | 53.59 | 高 |
| | 半导体 | 58.39 | 越南，韩国，中国台湾，日本，泰国 | 37.69 | 中 |
| | 电子元件 | 85.48 | 中国台湾，马来西亚，韩国，日本，美国 | 73.23 | 高 |
| 非金属矿物制品业（4%） | 整体 | 32.06 | 日本，中国台湾，韩国，菲律宾，泰国 | 47.07 | 中 |
| | 整体 | 32.20 | 韩国，日本，中国台湾，美国，德国 | 71.01 | 低 |
| 通用设备制造业（25%） | 整体 | 37.32 | 德国，美国，韩国，日本，法国 | 68.44 | 高 |
| | 传动轴 | 46.24 | 德国，美国，韩国，日本，中国台湾 | 75.54 | 高 |
| | 涡轮喷气发动机、螺旋桨等燃气轮机 | — | 美国，法国，德国，英国，日本 | 92.51 | 高 |

续表

| 大类行业<br>（加工贸易占比） | 主要行业 | 出口前五位<br>占比（%） | 进口前五位国家或地区 | 进口前五位<br>占比（%） | 进口<br>集中度 |
|---|---|---|---|---|---|
| 黑色金属冶炼和压延加工业（10%） | 整体 | 30.88 | 日本，韩国，印度尼西亚，德国和中国台湾 | 57.35 | 高 |
| 医药制造业（29%） | 整体 | 39.71 | 德国，美国，法国，爱尔兰，意大利 | 63.00 | 高 |
| 专用设备制造业（24%） | 整体 | 38.66 | 日本，美国，韩国，德国，中国台湾 | 67.60 | 高 |
| | 医疗设备 | 48.67 | 美国，德国，日本，墨西哥，爱尔兰 | 66.73 | 高 |
| | 集成电路装备 | 66.30 | 日本，韩国，美国，中国台湾，新加坡 | 85.43 | 高 |
| 有色金属冶炼和压延加工业（10%） | 整体 | 32.38 | 智利，日本，韩国，赞比亚，俄罗斯 | 39.63 | 中 |
| 纺织业（8%） | 整体 | 42.40 | 日本，意大利，越南，法国，美国 | 68.10 | 高 |
| 纺织服装服饰业（11%） | 整体 | 45.20 | 越南，意大利，日本，美国，印度尼西亚 | 59.40 | 高 |
| 仪器仪表制造业（38%） | 整体 | 48.89 | 日本，中国台湾，韩国，美国，德国 | 64.05 | 高 |
| | 光学仪器及零部件 | 47.80 | 日本，中国台湾，韩国，美国，德国 | 66.20 | 高 |
| 造纸和纸制品业（38%） | 整体 | 39.28 | 美国，日本，瑞典，新加坡，中国台湾 | 47.38 | 中 |
| | 纸和纸板等制品 | 35.70 | 美国，日本，瑞典，印度尼西亚，中国台湾 | 52.20 | 高 |

资料来源：笔者根据陈志《新冠疫情下我国15大制造业全球供应链风险分析与对策建议》发表在《科技中国》2020年第8期第6页，以及公开资料整理。

制机制"① 为战略目标,以优化升级区域产业链供应链为重要手段,合理配置创新资源,营造协同创新的良好生态。在"十四五"期间,京津冀产业链供应链升级要体现在增强协同创新能力。在新发展格局推进资源加速循环的加持下,结合国际外延型引进吸收和国内内涵型集成追赶等创新模式,以形成京津冀科技园区的综合型协同创新路径。一是要提供适应新时代各地需求的高质量供给,提高产品服务附加值;二是要提供适应国内外复杂多变环境的安全稳定供给,增强区域产业链抗风险韧性;三是要提供适应新科技革命发展的创新资源供给,保障区域产业创新链协调顺畅。

(三)供给侧结构性改革

构建区域性新发展格局、提升科技园区协同创新能力,是运用马克思主义政治经济学原理解决京津冀协同发展实践短板问题而提出的,是在京津冀供给侧结构性改革基础上不断深化科学认识的理论成果。习近平总书记强调"要坚持供给侧结构性改革这个战略方向"②,京津冀各科技园区要扭住国内消费需求端转向生产供给端的战略转折点,致力于解决实体经济与虚拟经济、外贸产业及内需产业等供需结构性失衡问题,提高生产供给体系满足人民需求的适配性,达到高质量供给驱动新时代需求的动态平衡。2017 年中央经济工作会议指出,要破除落后过剩无效供给,培育战略性新业态科技创新动能,降低经营管理税费及生产物流成本等制度性交易费用,深化供给侧结构性改革。通过调整京津冀各地市场经济行政管理和区域宏观调控管理等体制机制,最终达到各地产业结构转型升级与供给体系保质保量相统一、各科技园区产品供给与当地群众美好生活需求相适应,以及资源要素合理配置与区域经济稳定发展相匹配。除国际经济出现单边替代多边、霸权对抗平等新形势,以及"脱钩"取代合作等错综复杂的逆全球化现象外,京津冀科技园区还面临着主动转变协同创新模式的压力与挑

---

① 李克强. 中国共产党第十九届中央委员会第五次全体会议公报 [N]. 人民日报,
2020-10-30 (1).

② 习近平. 在经济社会领域专家座谈会上的讲话 [N]. 人民日报, 2020-08-25 (2).

战。党的十九届五中全会指出"把实施扩大内需战略同深化供给侧结构性改革有机结合起来，以创新驱动、高质量供给引领和创造新需求"[1]。进入新时代，在国家创新驱动发展战略的引领下，京津冀各地通过继续加快产业链供应链融合升级，深化供给侧结构性改革，不断促进新发展格局下各科技园区协同创新。

## 三、微观资源基础

当前，我国要面对新科技产业革命带来世界前沿科技、全球经济竞争、国家安全战略、人民美好向往等新形势新变化，这些都是在新发展格局中不断提升京津冀科技园区协同创新能力的重要基点。构建京津冀科技可持续发展态势和全球创新竞争优势的行为主体都落在各科技园区层面上。而京津冀协同发展战略的核心功能，既要维护资源配置市场公平竞争，又要主导各层次创新人才队伍培养，也要监管科技管理体制改革效果，以及投入公共基础研发扶持资金。以此，为京津冀科技园区协同创新打下坚实基础，使其在数字经济、智能制造、生命健康、再生能源、新型材料等高科技产业增长极中获得更多创新资源。从京津冀各科技园区内部考察，核心技术突破能力贫乏、基础研发积极性不高及自主创新动力不足，在很大程度上是由于其人才队伍缺陷所致。而大多当地政府却简单归因为扶持政策不到位，而坚持采用减税降息补贴等老办法，忽略了激励各科技园区协同创新微观、中观和宏观各层面影响因素间的辩证关系，反而加剧了对其创新活动的扭曲与阻碍[2]。"当务之急是要健全激励机制、完善政策环境，从物质和精神两个方面激发科技创新的积极性和主动性。"[3] 从习近平总书记多次讲话中，可进一步提炼出以下观点：一是要坚持党对京津冀科

---

① 中共中央关于制定国民经济和社会发展第十四个五年规划和二〇三五年远景目标的建议 [N]. 人民日报，2020-11-04（1）.

② 刘诗源，林志帆，冷志鹏. 税收激励提高企业创新水平了吗？——基于企业生命周期理论的检验 [J]. 经济研究，2020，55（6）：105-121.

③ 习近平. 在十八届中央政治局第九次集体学习时的讲话（2013年9月30日）[M]//中共中央文献研究室. 习近平关于科技创新论述摘编. 北京：中央文献出版社，2016：58.

技园区协同创新的核心领导。二是让市场配置资源，政府做好各园区规划引导与服务。三是需区域统筹抓基础，依据创新链配置资金链，而各地重应用，围绕园区产业链布局供应链。四是政府各部门要具体落实基础研究、实验应用和产业推广等功能性分工。

## （一）园区创新动力

进入新时代，面临世界百年未有之大变局，构建新发展格局下京津冀科技园区协同创新环链布局，有助于在畅通资源循环下提高京津冀高科技产业供给质量的国际竞争力，提升区域产业链供应链现代化水平，建设政产学研金相结合的现代化协同创新体系，为京津冀可持续健康发展注入坚强动力。在国际贸易新变化和国内经济发展新阶段，必然要求京津冀科技园区重新探索创新模式并塑造科技新优势。京津冀协同创新引领高质量发展，是新旧动能转换的发动机。在新时期，京津冀科技园区必须主动创新，才能改变长期处于价值链中低端的困境，进入高质量发展的良性循环。发达国家基本上都经历了从劳动密集型向技术密集型转变升级的产业发展过程。当前，京津冀各地面临着人口红利减少、低成本出口受阻、核心技术落后、供应链脆弱不稳定等严峻挑战。而世界各国又围绕着 5G 通信、人工智能、大数据、区块链、物联网等新科技革命展开激烈竞争。京津冀科技园区要主动化危为机，"提升自主创新能力，尽快突破关键核心技术"①，掌握自主技术创新主动权，才能推进各地产业内涵式发展，也是实现区域经济跨越危机的基础条件。当然，京津冀科技园区协同创新战略方向并不是使其都达到统一的全领域突破。不是搞大而全的重复建设，而是利用好新发展格局产业链供应链的安全稳定优势，汇聚各科技园区战略优势资源，集中布局在关键核心技术上，特别是关系京津冀经济命脉和协同创新战略目标，以及各地群众根本利益的重要科技领域，更要汇聚各园区资源来构建协同创新联盟，以集中力量攻关重要的核心技术。

---

① 习近平. 在教育文化卫生体育领域专家代表座谈会上的讲话 [N]. 人民日报, 2020-09-23 (2).

## （二）园区人才建设

近些年，京津冀科技园区入驻人员数量增幅超过了人才质量。"发展是第一要务，人才是第一资源，创新是第一动力。"[①] 进入新时代，京津冀各地要坚持党领导科技创新工作的思想导向，强调各科技园区人才服务于区域协调发展，并以满足当地群众美好生活向往为目标，增强助力于中华民族伟大复兴与社会主义现代化建设的责任感。京津冀科技园区更应为技术人才发挥创新职能提供广阔空间和多元机会。"有力打通科技和经济转移转化的通道，优化科技政策供给，完善科技评价体系。"[②] 在京津冀科技园区管理人员的培养与聘用上，既要突出以人民为中心的价值导向，又要营造自有开放合作的创新氛围。习近平总书记指出，当前"我们比历史上任何时期都更需要广开进贤之路、广纳天下英才"[③]。所以，京津冀科技园区要以开阔心胸，激励现有人才主动努力学习世界前沿生产工艺技能，并利用好国家"千人计划""万人计划"，以及各地相继推出的人才工程，引进聚合海内外高层次科技人才入驻。人才是创新各环节当中的贯穿性要素，关键核心技术都依附于一流创新团队，要打破创新管理体制障碍并激发科技人才创新活力，培养出有国际科技竞争力的青年后备力量。同时，京津冀各地也要加强科技园区协同创新平台，特别是科学基础设施（如大科学装置重点实验室、数字工业技术平台、智能工程研究中心、产学研创新孵化器及博士后流动站等）建设，促进高端科技人才在体制内自由流动，优化创新要素配置和成果高效转化。

## （三）园区干部容错

将习近平总书记提出的"三个区分开来"作为容错纠错工作的指

---

① 习近平. 在深圳经济特区建立 40 周年庆祝大会上的讲话［N］. 人民日报，2020-10-15（2）.

② 习近平. 深化科技体制改革增强科技创新活力，真正把创新驱动发展战略落到实处［N］. 人民日报，2013-07-17（1）.

③ 习近平. 在同外国专家座谈时的讲话（2014 年 5 月 22 日）［M］//中共中央文献研究室. 习近平关于科技创新论述摘编. 北京：中央文献出版社，2016：115.

导原则，为京津冀科技园区建立容错纠错机制及充分调动激发其干部创新管理工作的积极性和主动性奠定了思想基础。由此，可将京津冀科技园区干部领导协同创新的失误分为：一是在推进区域协同创新中因缺乏经验、先行先试而出现的；二是上级尚无明确限制的探索性试验中发生的；三是为推动协同创新而无意造成的。"三个区分开来"为京津冀各科技园区解决协同创新失误错误提供了原则性指导。"健全激励机制和容错纠错机制，给改革创新者撑腰鼓劲，让广大干部愿干事、敢干事、能干成事"①。自此，京津冀已陆续有多地及多家科技园区先行着手建立了干部容错纠错机制。2018 年中共中央办公厅印发《关于进一步激励广大干部新时代新担当新作为的意见》明确提出的容错纠错方针，为各政府部门结合各地区实际情况认真贯彻落实并有效实施提供了政策依据，进一步要求各级下属科技园区要结合改革与发展的具体实际来容错纠错，必须贯彻落实习近平"三个区分开来"的重要思想。由此，明确了京津冀科技园区干部在跨区协同创新中的领导责任范围，为京津冀协同发展提供了制度支撑。

---

① 李克强. 政府工作报告——2016 年 3 月 5 日在第十二届全国人民代表大会第四次会议上［N］. 人民日报，2016-03-18（1）.

# 第二章
# 京津冀科技园区协同创新的突出作用

根据国家统计局数据并经笔者计算得出，2006~2020 年京津冀研发经费投入强度（与 GDP 之比）达到 2.40%，提升幅度（0.16%）为近十年来新高。2020 年京津冀科技进步贡献率从 2001 年 39% 攀升至 60%，对外技术依存度已降低至 30% 以下。作为区域经济发展主力，京津冀科技园区协同创新是推进基础设施高端化、产业链现代化及经济高质量发展的关键支点。随着国际贸易竞争加剧和国内资源环境容量约束收紧，京津冀科技园区寻求传统创新模式的转型升级，以扩充要素规模效应，并在新形势下积极破解各地不平衡不充分发展问题。面对物质要素驱动乏力与市场需求日益提升的生产压力，京津冀科技园区将产业发展动能转向科技协同创新。若京津冀科技园区没有强大的自主技术协同创新能力，则"中国梦这篇大文章难以顺利写下去，我们也难以从大国走向强国"[①]。党的十八大以来，京津冀科技园区积极实施创新驱动发展战略，在实践中逐步提升协同创新能力并引领区域产业自强发展。一是努力解决经营创新实践中出现的各种问题，如研发设计职能与生产制造环节相脱节、科技成果缺乏转化激励等，构建并完善区域内部协同创新机制；二是在制定未来发展战略时，都会着重考虑加大科技创新支持力度；三是积极提升协同创新实践的管理能力，特别是在创新型人才引进激励和团队组建管理上，不断激发科研人员创新的工作热情。

尽管 2020 年京津冀经济受到全球新型冠状病毒感染、中美经贸摩

---

① 习近平. 在十八届中央政治局第九次集体学习时的讲话（2013 年 9 月 30 日）[M]//中共中央文献研究室. 习近平关于科技创新论述摘编. 北京：中央文献出版社，2016：25.

擦、西方科技封锁等国际政治经济新形势影响，但各科技园区规模实力、创新能力和市场竞争力都在稳步提升。在宏观层面，京津冀科技园区通过协同创新，建立起新的生产方式，创造出新的劳动要素，为传统生产模式注入了新活力，给区域经济发展带来长期的系统性动力。以各科技园区协同创新为载体，促进各类创新要素在区域产业上聚集，是创新驱动京津冀经济发展的重要战略。在微观层面，市场价值总会集中在创新资源丰富的微笑曲线前后端。京津冀科技园区企业要直接面对市场需求，必须谋求实现创新价值的商业化推广，否则就难以在激烈的市场竞争中获利。利用掌握的资金技术人才等创新资源，京津冀科技园区能有效调节内部创新机制，并拥有对创新要素优化配置的控制力。进入新时代，党中央高度重视京津冀协同发展并提出了更高要求，尤其是强调了各科技园区要在保障国家政策实施、引领战略性产业发展等方面上协同创新、努力作为、主动担当、积极适应新环境。京津冀科技园区在同期面对中美经贸摩擦、全球新型冠状病毒感染、新科技革命等多重因素叠加影响时，要客观冷静地分析世界经济不确定性风险，通过协同创新，提升区域经济安全稳定性、自主可控性和可持续发展性。

## 第一节　畅通产业链供应链

京津冀科技园区协同创新能够共同构成区域完备的产业链供应链体系，大多产业零部件供应都实现就地生产或跨域物流。在新型冠状病毒感染发生期间，京津冀科技园区凭借产业集群完成了零部件本地采购而快速复工复产。至 2020 年 4 月园区重点监测的 3.84 万家企业的复工率接近 90%，188 家中关村科技企业孵化器已有 182 家复工，占比96.8%[①]。面对国外减供断供形势，京津冀科技园区加大自主技术协同创

---

① 邱超奕. 科技型企业复工复产态势良好（国务院联防联控机制发布会）［N］. 人民日报，2020-04-04（2）.

新力度，以新产品研发为导向联合攻关，在基础研究薄弱领域和产业链关键环节上都取得了新进展，创造出高性能国产替代品，打破了国际垄断。京津冀产业链下游厂商转型升级也促使区域供应链加快重塑，不断提高国产零部件使用率。近些年，发达国家加紧实施科技"脱钩"战略，制裁中兴、北方工业等事件，再次表现出产业链核心技术创新，以及供应链安全稳定可控，才是京津冀协同发展的基本条件。只有推进京津冀科技园区协同创新，才能畅通产业链供应链，并释放国产化替代潜力。此外，不能忽视京津冀科技园区协同创新的整体性结构，大部分园区企业仍存在惯性依赖，有待提高对外源技术"脱钩"风险的抵御能力。

随着世界科技深入变革，习惯于"模仿—吸收—二次创新"的京津冀科技园区时刻面临着发展隐患，即发达国家在未来某时点封锁或暂停科技供应。要么只能转而自行从头研发新技术，付出高额成本重新组合创新要素并长期持续投入资源，要么因技术过时难以迭代而被市场竞争淘汰。所以，忧患意识使京津冀科技园区必须从技术追赶中积累新知识，有意培养自主创新能力并基于科技创新的规律认识及轨迹预判，疏通并构建自主可控、安全稳定的产业链供应链与之相适应。一是从基础研究源头以正向设计来提升创新能力，与科技追赶起步阶段的逆向推演模仿不同，源头正向设计包含制成品全过程的系统化设计，即技术模块化分解及子系统集成整合；二是从创造性破坏以另辟赛道来加速技术赶超，科技发展遵循生命周期演进规律，会发生创造性破坏而产生新范式，可根据市场需求对新衍生出的多种技术赛道轨道进行前瞻性预判与筛选，采取突击性创新以获得主导性科技；三是从产业链供应链以协同创新来促进技术赶超，"两链"现代化升级模式设计与京津冀科技园区协同创新战略动态匹配及共同演化，能更好发挥激励机制，通过链内资源互补或资产重组，从整体比较优势迂回至价值网链某环节创新，并跟随全链条协同发展。

## 一、提升产业链供应链能力

在全球制造业分工体系下提升京津冀产业链供应链现代化水平，

就需要推进其科技园区向更高附加值的生产环节升级与延伸，以提高在全球价值链治理中的控制地位。京津冀地区有较为完备的产业链供应链体系。从国际循环看，京津冀科技园区仍处于全球价值链分工的中低端，缺少治理话语权；而在国内循环中，虽然京津冀科技园区在产业链供应链中处于中上游并有治理控制力，但其源于资源密集型投入，不完全是基于技术创新。京津冀科技园区要在新时期构建新发展格局的过程中自发再造流程并升级工序，或跨域产业升级或交叉组合供应，以提升产业链供应链的协同能力。近些年，京津冀科技园区协同创新在数字智能、移动电商、平台物流等领域都取得了许多科技成就，达到了生产流通的规模经济，畅通了产业链供应链。所以，京津冀科技园区协同创新要发挥引领产业链供应链发展的头雁作用。由于存在产业周期波动风险，容易导致京津冀部分企业资金在低迷期不足、在成长期过剩等情况，但作为区域经济政策执行的重要工具，京津冀科技园区应在市场失灵时主动引领并指导同业企业协同创新。此外，在战略性新兴产业成长阶段，应及时加大基础设施投资力度，成为京津冀产业发展的重要推动力；在传统产能过剩阶段，应积极落实供给侧结构性改革要求，满足区域群众新的生活需要。京津冀科技园区协同创新以提升产业链供应链能力为导向，不仅能有效引领战略性新兴产业成长，还能有序疏导传统过剩产能分流，减少社会资源消耗，推动市场健康发展。

京津冀部分产业链终端已形成国际竞争力，但关键零部件和核心元器件等中间品仍依赖进口。以往并不严重，但在中美科技"脱钩"的新形势下，京津冀科技园区技术创新短板就暴露出来，特别是自主可控的底层原创科技断供，造成电子芯片、工业软件、核心部件、基础材料等"卡脖子"问题。谁有关键资源，谁就能减少外界依赖性，获得控制力并居于主导地位。当然，被控制者也可利用威胁退出、设计新关系、建立联盟或寻求可替代资源等手段，降低控制者的影响力。在产业链供应链治理中，拥有"越重要稀缺、越难以替代的关键资源"的供应商或供应链对京津冀科技园区协同创新的影响就越大。产业链分工与供应链衔接主要源于关键资源的配置。通过偶然性或经常性合约，京津冀产业分工各方在可靠承诺的基础上进行自主控制或接受控制。例如，纵向一体化就是"将最终产品所需中间部件的生产过程纳入统一、特定、有权威的产业链内部进行生产"的资源配置与权力治理。这样，关键性创新资源供应商即便获得对京津冀科技园区技术创新的控制力，也能减少该供应商的机会主义行为①。京津冀科技园区协同创新的供应链治理本质在于以产业权威及品牌威望来稳固市场价格及交易契约。也就是说，为节约市场多次交易涉及的费用，京津冀各科技园区会对供应链关键性创新资源进行一次性总估价，再由供应商通过统筹安排链上其他企业组织生产，对其各投入资源予以补偿②。若关键性创新资源能够出清，无论是劳动，还是资本，总能通过市场进行无费用交易，则意味着不必成立供应链，也就无从界定治理供应链的控制力。然而在现实中，资源专用性使其不易达到市场出清。所以，参与产业链供应链分工，京津冀各科技园区会优先选择合作并甘愿受到制约。

## 二、推动产业链供应链发展

党的十八大以来，京津冀科技园区在全球价值链中的分工地位明显上升，有很多产品实现了本土国产化。但是，京津冀产业链供应链仍不够稳定安全。近些年，由于劳动力等要素成本提高及传统过剩产能疏解，加上中美经贸摩擦及科技"脱钩"冲击，京津冀科技园区经历了从三来一补"引进来"到抱团出海"走出去"的战略性外移压力。随着全球新型冠状病毒感染暴发及单边保护主义兴起，又造成了国际贸易去中国化倾向，对京津冀产业链供应链带来了新挑战。由于京津冀科技园区长期处于价值链中低端，导致区域产业链供应链整体发展不足，缺少核心部件和高端装备。而且，质量精度、性能功耗、

---

① 奥利弗·E.威廉姆森.资本主义经济制度[M].段毅才，王伟，译.北京：商务印书馆，2010：112.

② 陈宗胜，杨晓康.市场里的企业：一个非合作讨价还价重复博弈[J].管理世界，1997（6）：116-125.

样式设计等方面与发达国家仍有差距，就难以整合控制全球创新资源。改革开放后，全球大部分新增投资都集中在亚洲，而其中又有大部分流向我国。京津冀科技企业数量及规模也得以扩大，但并没有大幅转化为经济利润，其原因在于大量区域性科技投资被滞留在了国际分工低附加值领域。根据国家制造强国建设战略咨询委员会发布的《工业"四基"发展目录（2016年版）》可知，我国产业链供应链短板主要是有大量区域科技园区集中于基础产业。虽然京津冀大多产业链供应链相对安全稳定，但仍有部分关键环节还对跨国公司有很大的依赖性。尤其是通信装备（电子芯片）、集成电路（光刻设备）、电力装备（燃气轮机）、轨道交通（运行系统）、飞机汽车（设计软件）等重要产业，均需要对其进行重点关注。然而，京津冀科技园区在石油矿产等上游产业、高铁核电航空等基础产业、通信数字等关键产业上都占有核心技术，势必能成为补链强链延链的中坚力量，承担起推动产业链高端化、供应链现代化的历史重任。

以重大科技突破和区域战略发展为基本目标，提升京津冀科技园区协同创新是推动战略性产业链供应链发展的前提基础，适度集中升级区域产业链供应链也是京津冀科技园区协同创新的必要条件。两者转型升级的诉求天然适配融合，对京津冀经济社会发展起着重要的带动作用。在"十四五"期间，京津冀科技园区协同创新以推动产业链供应链发展为导向，会对新产业投入回报率形成良好预期。所以，京津冀地区要着重从调整其科技园区协同创新的产业结构积极切入。一是推进在战略性新兴产业链供应链内开展各科技园区的兼并重组，促进战略性新兴产业结构适度集中优化并提升产业链供应链效率，以实现对战略性新兴产业的垂直一体化控制，从而增强京津冀科技园区协同创新整体实力和国际竞争力；二是加强知识产权保护力度，激励各科技园区自主技术协同创新，形成稳定安全、自主可控的区域产业链供应链体系，在保护知识产权法律法规约束下，既提高准入壁垒，又改善市场结构，还搭建起共性技术共享共创平台；三是强化战略性新兴产业链供应链的政策管制，其取决于区域治理体系与治理能力，对各科技园区协同创新有调节作用，并能影响到京津冀协同发展，需要各地政府定期做出战略规划并进行联合调控，适势适时适地组织创新资源予以控制。一方面，要严格评估审批进入产业链供应链的京津冀科技园区企业，防控过度投资引发产能过剩；另一方面，要适度限制跨国公司投资进入，防止抽逃资金带来的泡沫危机。此外，现代化产业链供应链本来就具有科技水平高、增值潜力大、创新动力强、市场效益好等特征，可快速转化吸收最新的科技成果，为京津冀高质量协同发展培育新的增长点。

### 三、优化产业链供应链循环

经济全球化的本质特征是通过全球价值链联结世界各国经济体系而形成国际资源大循环结构。所以，其会催生出全球价值链。以此，深化了世界各产业领域在各国的分工及跨国转移，也使得大多新兴经济体能利用国际贸易拉动经济增长。但2008年国际金融危机后，国际贸易投资价值被严重低估，发达国家单边保护主义兴起。加之，中美经贸摩擦与全球新型冠状病毒感染发生的双重叠加影响，国际产业链供应链便随着全球价值链萎缩而出现断裂与停顿。加入WTO后，京津冀科技园区及其企业已深度嵌入国际工业分工中，并使国内大规模市场成为全球价值链波动的稳定器。一是融入全球价值链后，会形成关键性资源配置上的供应依赖，长期相连的产业链供应链关系促进了国际贸易的频繁互动，而全球金融危机使国际投资收益率大幅下降，京津冀科技园区大规模产能转移的难度增加，限制了其参与传统国际大循环形式；二是我国是全世界唯一包含最全面工业门类的国家，能降低京津冀产业链供应链配套费用，2019年我国制造业增加值占世界的28%[1]，为京津冀科技园区基于国内循环进行协同创新奠定了基础；三是我国积极参与并不断推动RCEP建设，覆盖全球23亿人口，制造业总增加值占世界的44%，远超欧美等自贸区，推动京津冀科技园区协同参与

---

[1]　2020年10月23日工业和信息化部副部长王志军在国新办举行"十三五"工业通信业发展成就新闻发布会上的介绍。

更高层次的对外开放，以形成新型国内国际产业链供应链循环关系，从根本上转变了传统国际大循环体系，也加快了其协同创新步伐。

改革开放以来，京津冀部分科技园区长期专注于代工生产并对外销售，处于全球价值链中低端环节。虽然丰富了京津冀制造业结构，促进了区域整体经济增速。但是，缺乏独立自主知识产权的核心技术，导致各地传统落后的产业链供应链难以优化，制成品缺少独特性，容易被替代。此外，京津冀要素成本优势减弱，国际竞争力不足。党的十九届五中全会提出"推进产业基础高级化、产业链现代化"[①]。于是，围绕提升区域产业链供应链竞争力，要求京津冀科技园区面对国际严峻形势，以更高端标准和更开放视野从关键领域的核心技术入手开展协同创新。一方面，有助于加快国内消费换挡升级，提高供应链的安全稳定性；另一方面，围绕把中国制造变成中国创造，通过自主研发核心技术，有利于推进区域产业链向中高端革新。京津冀协同发展的关键在于重点区域科技园区产业链供应链的协同升级。通过京津冀科技园区协同创新，带动现有产业链供应链提档加速，把一般产业培育成优势产业，再去拓展国际市场。然后，以新型产业链供应链优势，激活国内潜在消费市场，提升国际市场竞争力。所以，亟须明确资源循环与京津冀科技园区协同创新的辩证关系。即以京津冀科技园区为主体，围绕核心技术竞争力开展协同创新活动，带动区域产业链供应链现代化升级，加快构建国内国际资源循环，再进一步促进各地产业链供应链良性发展，又为京津冀科技园区协同创新持续提供充足的资源保障。

## 四、巩固产业链供应链安全

由于在各产业级别、区域层次和资产规模上的存量与流量都不相同，京津冀各科技园区所发挥的创新力效果也会有所差异。就激烈的市场竞争领域而言，通过"交叉持股、共同投资、整体上市"等方式

---

① 中国共产党第十九届中央委员会第五次全体会议公报［N］. 人民日报, 2020-10-30（1）.

设立新科技企业或扶持创新项目，京津冀各科技园区间可建立"兼并、收购、出售"等灵活的资源交易渠道，从而保持良好的资源流动性。放大协同创新功能的重要方式是通过在京津冀科技园区中引入资源供应商，使其充分利用现有少量资源与尽可能多的资源供应商合资合作，并时刻掌握技术创新的自主控制权。在"十四五"期间，通过提升京津冀科技园区协同创新能力，激发区域产业引领我国经济社会布局高质量发展战略的内生动力，可有效发挥以下特殊功能：一是发挥科技方向引导功能，为京津冀协同发展打下坚实基础，有助于区域核心技术攻关和高科技产业发展，并调用社会各类创新资源（资金设备人才等），引导科技企业进行战略导向性协同创新；二是发挥知识产权示范功能，京津冀科技园区自主知识产权主要表现在通用共性技术上，并向全产业链不同环节企业释放创新驱动力，既精准满足小微企业技术需求，也为生成协同共创技术提供充分条件；三是发挥产业流通调节功能，加快形成数字化智能化新兴产业，并强化金融、信息、法务等社会服务的调节功能，主要表现为构建自主可控、安全稳定的供应链上；四是发挥社会供给创利功能，能在供给侧结构性改革下完成新基建等民生工程，以获得全社会的普遍认可，使京津冀科技园区协同创新成为对公共品投资高、风险大、周期长、回报少等弊端的关键补充。

京津冀科技园区协同创新的方向就是解放和发展社会主义生产力，即形成社会化大生产，产生显著的产业集群规模效应，对巩固实体经济整体高质量发展有明显的带动作用。在"十四五"时期，京津冀科技园区协同创新有利于巩固实体经济，是在中国共产党领导下建设社会主义现代化强国的关键物质基础。但近年来，京津冀部分科技园区发展呈脱实向虚的去工业化趋势，既不利于区域经济总体安全，也不利于形成自主可控的产业链供应链体系。进入新时代，京津冀科技园区必须在巩固区域实体经济，尤其是自主技术协同创新上要积极发力，并予以大力支持。以高科技产业为核心的实体经济有着较高的社会生产力，是带动其他部门生产的基础产业，也是京津冀经济的增长引擎。保持京津冀科技园区协同创新有助于实现区域各产业发展，并促进经济增长。而高科技产业缩减会引发实体经济空心化，导致京津冀经济下滑或形成泡沫风险。目前,"我国正处于并将长期处于社会主义初级阶段"①,需要以满足人民美好生活向往为发展目标,巩固并发展实体经济,以内生自主创新为主,以外来引进吸收为辅,加快科技创新步伐。在"十四五"期间,京津冀协同发展聚焦于各科技园区协同创新,有利于带动产业链上下游传统生产方式变革,淘汰低效落后产能,加快布局战略性新兴产业。此外,京津冀科技园区协同创新能力提升会激发供应链服务革新,充分发挥融合网络技术并推动制造业高端化升级,推进区域经济高质量发展。京津冀各科技园区广泛分布在核能电力、船舶制造、航空航天及武器装备等重要实体行业中,构成了区域各地主要的产业基础,并对其他行业有很强的技术溢出效应。一方面,为产业链下游提供低成本、高质量的各类生产资料,不断拓展利润空间;另一方面,提高产业链供应链现代化水平,增强国际竞争力。

## 第二节　突破前沿核心技术

以大数据、物联网、人工智能、云计算、区块链、虚拟现实等核心技术为主的新科技革命正从初始导入期转向拓展成长期,已对京津冀各传统科技园区显示出巨大的转型压力和强烈的跃升动力。京津冀科技园区协同创新的方向自然就被规划到数字信息化、智能网络化轨道。同时,现代移动互联网的便捷性和即时性,网络大数据处理的高速化和智能化,正加紧变革国内产业链供应链,并倒逼其内部各环节单元迭代升级。万物联网、量子计算、智能算法等数字科技将全面应用于京津冀科技园区。科研人才、核心技术等创新资源正加速替代劳动力、土地等传统要素,并重塑京津冀科技园区协同创新能力和市场竞争实力。同时,依靠京津冀科技园区协同开发与共建适用于数据采

---

① 习近平. 深入理解新发展理念(2016年1月18日)[M]//习近平谈治国理政:第二卷. 北京:外文出版社,2017:214.

集、存储、加工的现代化基础设施，也成为区域产业竞争的制高点。传统工业门类绩效指标难以衡量现代产业发展水平，其产业链供应链高端化更多地体现为数字化转型带来的全要素生产率提升。

与以往工业革命出现机器替代体力劳动不同，数字智能科技革命同时加快替代简单脑力劳动和程序化体力工作，对京津冀各传统科技园区生产形成颠覆性冲击，社会劳动价值将被迅速转移至新工业企业，收入分配差距会扩大。虽然京津冀科技园区也创造出一系列重大工程建设和重要科技突破，已达到支撑创新型国家建设标准，并成为全球第四次工业革命的重要参与方，但是大而不强，与世界高科技园区相比还有距离。受中美经贸摩擦影响，在美国对我国实施科技"脱钩"后，部分关键核心技术频频遭遇"卡脖子"断供。于是，激发京津冀科技园区加速自主技术协同创新活力，完成了创新团队、技术管理、产学研结合等体系建设。在载人航天、探月工程、特变高压电网、支线飞机、深水钻井、高速铁路、百万吨级煤液化等关键领域和重大工程上，取得一批有自主知识产权和领先国际前沿水平的科技创新成果，并涌现出一批有国际竞争力、世界一流的园区龙头企业，为京津冀协同发展做出了重要贡献。

## 一、实力创新骨干

经过从1949年中华人民共和国成立到2020年新时代中国特色社会主义改革与建设的经验积累，京津冀科技园区日益成为区域自主技术协同创新骨干，对京津冀协同发展起到带动作用，在增强区域产业链创新力、供应链稳定性和国际市场竞争力中也发挥着关键性作用：一是各科技园区是京津冀协同创新体系中重要的资源基础，2020年其研发经费全国占比就已超过25%[①]，在人才设备、实验平台等创新资源上都非常充裕；二是京津冀科技园区大多涉及区域经济安全稳定，也是

---

① 来源于智研咨询发布《2022—2028年中国中央企业行业竞争格局分析及市场前景趋势报告》的数据。

各地民生保障的压舱石，多次参与《国家中长期科学和技术发展规划纲要》重点领域建设；三是各科技园区是京津冀重点产业部署与发展的战略性主要力量，拥有基础实力和创新优势，发挥着科技引导的骨干带头作用，特别是在"三网融合"、新型材料、节能减排、绿色环保等战略性新兴产业上都取得了技术突破。自 2014 年以来，京津冀科技园区治理机制也在不断改革，也日益提高了自主技术协同创新能力。党的十九届四中全会提出增强区域产业的创新力。同时，京津冀各地政府也相继出台了一系列鼓励科技园区协同创新的政策措施，为进一步激发园区技术创新力打下良好的制度环境基础。

（一）园区创新有比较优势

从自主技术协同创新规律来看，需要丰富的资源禀赋及大量的要素投入。尤其是基础研究及重大科技攻关项目，必须长期持续投入科技人才、研发经费及科研设备等。其往往是投入多回报少，中小科技企业难以负担，但京津冀科技园区可以予以资金人才支持。具体说来，京津冀科技园区能通过协同创新突破核心技术有以下有利条件：一是研发投入占比很高，2018 年发明专利授权量前十名有六家是园区企业；二是承担了国家高精尖技术研究项目，在载人航天、高速铁路、5G 通信等重大领域都有突出贡献；三是带头申报国家及地方科技创新战略联盟，并发起科技创新发展基金，经本课题组调研发现 2018 年共建双创平台 1251 个，其中云平台 147 个、实体孵化器 271 个、产业园 84 个，设立创新引导基金 80 项。京津冀各科技园区既要重点关注全球价值链竞争中会受制于人的前瞻性、战略性新兴科技，又要注意到基础原材料、核心零部件、重大装备等关键要件供应链。在运行体制机制、资金人才规模上发挥综合优势，以承担国家重大战略政策。一直以来，京津冀科技园区都是区域宏观调控和落实改革方针的重要载体，是各级政府部门推动实施产业贸易和科技民生等政策的主要抓手，尤其是在关键时期或核心领域中体现为集中力量办大事的生产实践。

新一轮科技革命兴起为我国带来迈向国际科技前沿的发展机遇。京津冀科技园区科技水平大幅提升，得益于改革开放以来我国经济的快速增长，在关键技术领域从跟跑实现为并行、领跑，为京津冀协同发展创造了基本条件。在"十四五"期间，随着我国显现出超大规模市场和社会主义制度等创新优势，京津冀各地创新要素聚集能力大幅提升，支撑了新技术产业、新业态模式的发展，为园区孵化、场景应用和规模经济提供了基本条件。围绕创新资源循环体系，以战略性原创技术为核心，京津冀科技园区进行模块化协同创新环链布局，强化了基础性研发投入，并提高科技人员占比，完善科技创新服务。并且，在社会主义市场经济体制下探索利用协同创新体制建设自立自强的创新孵化平台。习近平总书记指出"可以探索搞揭榜挂帅，把需要的关键核心技术项目张出榜来"①。京津冀各地发布重大科技攻关项目需要长期的指向性规划，在行政审批、经费收支、人才引进、专利申报、官方数据、政产学研等方面获得政策倾斜，而科技园区正好具有这些优势。作为京津冀协同发展的支撑力量，其科技园区协同创新活动在绿色环保、公共服务、社会治理、民生建设等领域的重要作用日益凸显，而广大群众从中也获得丰富的生活生产资料。

（二）园区协同为区域主体

京津冀科技园区是区域实体经济的组成部分，是京津冀协同创新发展的重要载体。不仅其科技创新蕴含着使用价值，还衍生出其他制成品的生产资料，渗透到区域产业链供应链各环节。京津冀科技园区协同创新能够促进区域产业体系完善，即产业链供应链随之优化升级。资源循环体系是京津冀科技园区协同创新的关键所在，能进一步降低研发成本并整合创新资源投入基础研究，使京津冀科技园区更好地发挥出对区域产业战略的支撑力量。在"十四五"期间，构建双循环新发展格局也为推进京津冀科技园区协同创新并提升区域产业链供应链现代化提供了基本条件。进入新时代，虽然京津冀科技园区也在重点关注技术创新并加大资源投入，但依然存在可继续探索的协同创新空间。当然，京津冀部分科技园区仍在不断拓展产学研多元化合作，在投入基础性研究的同时，还催生出多种分工职能的研究机构，精准研发核心技术，培育科技人才，以及提高相关技术集成化组合效率，为协同创新提供了重要的知识积累。此外，京津冀科技园区协同创新全面扩大了综合型科技人才储备，充分发挥了各类人才作用，并为区域产业链供应链积累了人才管理运营经验。

京津冀科技园区协同创新能力是区域高质量发展的核心所在。特别是核心技术创新决定了京津冀科技园区在国际市场竞争与贸易谈判中的话语权，也能让各园区企业站到全球价值链分工顶端，从经济全球化中赚取超额利润。在国内国际资源循环体系中，相对于贸易壁垒和行政垄断，科技创新获得市场竞争优势更容易被视为有公平正当性。"这好比一个工厂主采用了一种尚未普遍采用的新发明，他卖得比他的竞争者便宜，但仍然高于他的商品的个别价值出售。"[①] 京津冀科技园区不仅要加强自主技术协同创新能力，还要在区域经济发展中起到主导作用，并在国际市场竞争中脱颖而出。"十四五"规划指出，要强化科技园区的创新平台作用，并促进各类创新要素向实体经济集聚。除做好选拔科技人才与设计激励创新机制外，京津冀科技园区还可以通过嵌入国内国际产业分工结构中，以参与区域产业链供应链转型升级的历史进程。京津冀科技园区协同创新有两条线：一是积极融入国际技术创新潮流中，以成为国际市场竞争与合作的重要主体；二是鼓励投资参与各类科技企业创新项目，除开展深度合作外，还要建立帮扶资金对中小微企业提供股权债权融资，提供相应的金融创新制度支持。

## 二、技术攻关优势

改革开放后，京津冀科技园区技术创新起步于国际引进，经历过

---

① 资本论：第三卷 [M] //中共中央马克思恩格斯列宁斯大林著作编译局．马克思恩格斯文集（第7卷）．北京：人民出版社，2009：265.

消化吸收到二次创新，现已进入协同创新并驱动发展阶段。此外，从技术引进到自主创新的转变也加速推动了京津冀产业链供应链转型升级。当前，以跨国公司为载体的国际研发合作，与以京津冀科技园区为主体的区域协同创新，共同构成了京津冀科技创新系统。随着国家产业政策支持和内需市场稳定增长，京津冀各科技园区正在跃迁科技轨道，多项创新成果居世界前列，已成为国内有重要影响力的创新基地。一是 2010~2018 年京津冀科技园区研发投入支出年均增长 14.15%，投入强度上升至 2.19%①，研发要素集聚对创新产出效率有明显的提升作用；二是通过自由化贸易进口国际中间产品，提高了京津冀科技园区技术人员激励效应，对提升产品创新力有间接影响，而且对提高区域全要素生产率，尤其是促进区域产业技术进步更为显著；三是设立中外合作园区带来了科技创新溢出效应，外资在新产品设计和创新生产力上有优势，可用于园区中资企业引进吸收并二次创新。近些年，发达国家对我国科技封锁断供日趋严重，部分外向依赖性高的京津冀科技园区面临"卡脖子"问题。所以，提升京津冀科技园区协同创新能力，可构建出独立自主的共性技术共享合作平台，补齐区域产业链在关键环节受制于人的不足，加大配套重点零部件供应链创新的金融政策支持力度，形成以国内国际资源循环的区域创新共同体。

## （一）组织攻克"卡脖子"的核心技术

工业和信息化部 2018 年调查数据显示，我国在 46 种关键基础材料上仍为空白，有 71 种还要依赖进口。例如，光刻机与刻蚀机、离子注入机、网络测试仪、触觉传感器、真空蒸镀机等高端制造设备，以及高性能检测设备和关键新材料与国际存在巨大差距，只能全部来自进口。特别是电子芯片制造工艺已落后十年，有 95% 依赖进口。所以，美国芯片断供对我国产业链供应链安全冲击很大。我国工业软件（EDA）和设计软件（CAD）长期被国际厂商垄断，长期缺乏底层工业

---

① 胡林元、徐婕、邓大胜. 我国 R&D 经费投入规模、强度的比较研究 [J]. 今日科苑，2020（8）：27-38+76.

数据、实验基础设备和研发测试器材等创新资源。还有 80% 的规划软件、50% 的制作软件要从外企高价购买。国产软件数据处理能力很差，仅占全球市场不到 1% 的份额。解决生产技术"卡脖子"问题，是构建京津冀科技园区协同创新环链布局的首要任务。调节京津冀创新资源循环，需要形成核心技术攻关的区域协同创新体系，以大力投入创新要素，积极调动科技人员动力，提升京津冀科技园区协同创新能力，融入并主导国际产业链供应链，从而争取国际贸易主导权。京津冀科技园区应充分发挥雄厚资源实力并利用试错恢复力优势，先行先试，以完成基础研究支持机制，支持高校院所、科创中心、孵化平台等基础设施建设。

事实上，京津冀科技园区在区域各产业领域都取得了显著成效，但在少数关键领域或重要技术环节上还受制于人。一是支持集成电路产业，要将创新方向延伸至重点支撑材料（导电银胶、电子气体、塑封胶、电镀线等）和高精度设备（贴膜机、磨片机、前后道烘箱、激光打标机等）的基础研发，支持高校院所开设相关课程教育及学科研究，并强化产学研结合推动高端制造装备教学。二是重点关注电子芯片生产，国内需求规模庞大，但高度依赖进口。2019 年芯片自给率不足 30%[①]。在芯片制造上游（EDA、材料、设备）、中游（设计、制造、封测）和下游（集成电路、分立器件、光电子、传感器）各环节上，大多仍集中于中低端品类。晶圆制造核心技术长期受制于人，尤其是光刻机生产，已成为京津冀半导体全产业链的严重短板。三是在载人航天、探月工程等工业中做出了重要贡献，但在重型运载火箭发动机上还长期存在核心技术空白。四是在人工智能、语音识别、云计算、智慧城市等软件应用领域处于全球互联网产业前列，但底层操作系统及大型工业开发软件等领域严重依赖外企。京津冀科技园区还有许多"卡脖子"技术空白，已威胁到区域经济高质量发展，也是推动其协同创新必须攻克的难关。

---

① 来源于中国海关统计的数据。

## （二）突破京津冀协同的关键技术

作为我国重要的区域经济体，京津冀已拥有国内国际资源循环及科技园区协同创新的基本条件。所以，少数国家封锁贸易往来，是不可能完全割断京津冀各地与世界经济的密切联系。但是，仍可能存在核心技术断供造成京津冀产业发展被"卡脖子"。若想在国际市场竞争中占据主导地位，京津冀各地就必须突破引领协同创新的区域性资源循环模式及颠覆性关键技术，提高新产品合作研发投入比重。特别是在人工智能、云计算、物联网、新能源、生物制药、航空航天、量子计算等前沿性核心技术领域中，增强京津冀科技园区协同创新能力，提高发明专利申请率，从而带动区域产业链供应链升级[①]。再以此，激发供给侧结构性改革的内生动力，不断提升区域商贸合作效益。京津冀科技园区是研发关键技术的重要力量，尤其是在大型飞机、高速铁路、核电建设等有明确的国家战略性竞争领域，具有丰富资源和聚集人才的政治优势，可集中力量实现协同创新突破。而且，京津冀各地科技园区间也要形成模块化协同创新的互补格局。

虽然京津冀科技园区取得了一系列重要的技术成果，已展现出核心技术创新优势，但着眼于"十四五"规划和2035远景目标，还需主动承接国家战略性科技工程及研发项目，结合产业链转型与供应链升级，前瞻性部署医疗保健、大脑科学、探月深海等前沿领域，积极成为快速破解"卡脖子"困境的开拓者。既为国家排解中美科技"脱钩"面临的困难，也能使京津冀各产业转型发展，以形成自主技术协同创新优势。京津冀科技园区核心技术创新硬实力，不仅是维持区域经济长期可持续高质量发展的重要基础，也是提高国际市场竞争优势和全球治理话语权的力量底气。在中华人民共和国成立之初的一穷二白艰苦环境下，京津冀各科研院所就始终坚持合作研发、协同创新，创造出"两弹一星"、人工牛胰岛素等震惊世界的重大成就，彻底改变

① 汪发元. 构建"双循环"新发展格局的关键议题与路径选择［J］. 改革，2021（7）：64-74.

了国际话语权丧失的局面。从研制银河－Ⅰ号巨型计算机、加入人类
基因组计划，到建造高速铁路、成功发射神舟飞船等核心技术成果相
继问世。京津冀科技园区通过协同创新，不断从跟跑、并行到领跑的
技术突破，涉及航空航天、轨道交通、重型机械等多个装备制造
领域。

## 三、催生新增长点

"互联网+"的快速发展有利于重塑工业体系、激发创新活力和培
育新兴业态，对京津冀科技园区主动适应国际局势变化和引领国内经
济新常态、形成区域产业发展新动能和实现民生提质保量具有重要的
意义。当前，京津冀各地传统产业已发展到因资源、技术、运输、劳
动力等问题陷入困境的瓶颈阶段。通过与新一代信息技术有效融合，
衍生出新技术和新应用等优势，助推京津冀科技园区重新整合资源、
降低交易成本和精减中间环节，以使区域产业转型升级、突破核心技
术瓶颈并走出经济发展困境。2019 年 1 月至 11 月，互联网搜索营收增
长 23.7%，生物技术推广增长 22.0%，医学试验增长 20.8%。而且，
信息服务、研发与设计、科技成果转化实际使用外资同比分别增长
28.3%、60.7%和 67.8%。同时，实物商品网上零售额增长 19.5%，占
社会销售总额的 20.7%。在新型冠状病毒感染发生期间，京津冀各地
的网络教育、互联网医疗、网上办公、全渠道生鲜零售等新业务都在
快速发展。至 2020 年 6 月，在线教育和远程办公的用户规模，以及直
播电商总规模，同比增长两倍多，约占网络零售规模的 8.7%。虽然京
津冀部分科技园区产业在与"互联网+"融合上取得了一些重要成果，
但依然处于初级阶段。近年来，京津冀科技园区在互联网技术、产业、
应用及跨界融合等方面取得了积极进展。在京津冀协同发展、创新驱
动发展等国家战略引领下，从智能工厂、移动支付到共享出行、美食
外卖等领域，京津冀科技园区不断利用新技术引爆新产业，发展新业

态激发新活力，催生新经济缔造新变革①。由此，京津冀科技园区必然要在地区传统产业与"互联网+"融合中发挥巨大作用，以催生出新的产业增长点。

## （一）赋能传统产业

"互联网+各传统行业"并不是简单地相加，而是利用新一代信息通信技术让互联网平台与传统产业进行深度融合，以使产业转型升级并创造新的发展。通过利用物联网、大数据、云计算等新兴技术，京津冀科技园区可使各产业信息化与智能化实现更深度地交融，加速传统工业的全面升级，形成可存储、可分析、可连接的海量供应链数据。基于此，也为京津冀科技园区开发出新的客户需求，并延伸服务链条，形成新业态，为区域经济发展聚集新的动力。京津冀科技园区协同创新能力是提升区域经济竞争力的着眼点，也是提高产品质量、节约生产成本与打造竞争力的有效途径。同时，京津冀协同创新又为各科技园区技术创新创造了基本条件。提升区域经济竞争力要求京津冀科技园区立足于全球化市场竞争视角，以京津冀协同发展为目标。而提升科技园区协同创新能力是京津冀经济安全稳定发展及获得可持续国际竞争力的根本途径。长期以来，京津冀科技园区在区域科技工作中发挥着重要的驱动作用，是实现关键核心技术突破的主力军。在重要战略领域和重大工程建设上，京津冀科技园区形成了一大批举世瞩目的领先成果（大国重器）。例如，空间站建设、载人航天、北斗导航、特高压输变电等关键核心技术。

当然，京津冀科技园区协同创新，尤其是瞄准国际前沿核心领域的技术创新，不仅具有周期长、风险高、回报小等主要特点，还需要长期、持续、稳定的资源要素投入。所以，需要国家战略及区域经济

---

① 新技术是重塑新产业的催化剂，主要有云计算、人工智能、大数据及其衍生技术，如开源工业互联网平台等，可实现智慧农业、先进制造、无人驾驶、智能服务等。新业态是新技术与传统行业相融合的产物，其特征是活力无限且成长迅速。通常是指运用新成果、新技术产生或延伸出一定规模的新型经济活动。新经济是指顺应多元化、多样化、个性化的产品或服务需求，依托技术创新和应用，从现有产业和领域中衍生叠加出的新环节、新链条，使新的生活形态迅速崛起。

的大力支持，或是在依赖原有竞争力积累大量投资的基础上，通过筹集协同创新所需资源，以形成创新力与竞争力的良性互动。京津冀经济可持续竞争优势来源于各科技园区合理配置并有效利用创新资源（物资、知识和能力）。既可来自生产效率的提高，也可以是区域产业链供应链内外分工效应。在对外开放优惠政策的支持下，京津冀低成本生产要素优势正好与全球产业链分工转移趋势相契合，从而为各科技园区协同创新创造了良好的国家市场环境。在党的十八大之前，京津冀经济高速增长主要依靠劳动力等要素低成本优势，从而在产业链中达到规模经济，以培育出各科技园区的国际市场竞争力。例如，通过国际并购形成的垂直专业化分工，对京津冀资本技术密集型科技园区市场竞争力的提升作用尤为明显。进入新时代以来，京津冀以往的低成本要素优势消减，而在产业链高端化过程中缺乏核心技术的瓶颈日趋显现。留用协同创新建立的竞争优势才是京津冀能持续发展的动力，是短期内其他地区难以模仿超越的。

（二）发展新兴经济

新技术、新业态、新经济，必然使京津冀科技园区传统产业与"互联网+"融合，催生出新的产业。在机器翻译、自动驾驶、虚拟现实等多个科技领域，京津冀科技园区都在不断地推进在数字经济方面的协同创新发展。而且，其与居民日常生活息息相关。在"互联网+"政策激励下，京津冀科技园区自发释放出"满足用户需求、强调用户体验"的强烈信号。例如，通过数字供应链等新技术可加快农村地区的供给侧结构性改革，有效推进脱贫致富。2019年通过提供并维护网络基础设施建设，利用直播带货将优质农产品直接与城市大众对接，使其销售价格整体提升30%。数字技术下消费升级不仅意味着快速购买到需求商品，还包括服务质量的提升。例如，京东商城通过智能仓储对线下仓库进行改造，重构顾客、产品、商家之间关系，形成数字化连接、智能化交互、自动化交易的智慧网店。万达影院也通过线上线下融合的新消费模式，共享各方数据，让营销更精准，不断促进消费者体验升级。同时，机器翻译、自动驾驶也在倒逼京津冀上游传统制造业转型，即调整产品设计和销售渠道，形成倡导"线上线下+大数据智能服务"的新商业模式。基于科技园区开发的虚拟现实技术，京津冀各地实现了线上智能化网络支撑和线下场景化消费体验相结合，逐步构建起全程监控机制，达到区域各生产链条各环节的交叉校验，推动低价格向高价值的消费全面转型。

在构建国内国际经济循环的新形势下，京津冀协同壮大新技术动能，升级新产业生态，发展新经济模式，任重而道远。一方面，京津冀各地经济正处在转变发展方式、优化经济结构、转换增长动力的攻关期，呼唤更多供给侧结构性改革创新；另一方面，新一轮产业技术变革蓄势待发，国内外双循环体系仍在加速形成。国内外局势交织变化，对京津冀各科技园区培育新动能、催生新产业及提速新经济，都有更高的期待和更多的要求。此外，通过财税优惠、政府补贴等政策，以及设立智能化升级专项、开展智能化指数年度评估等方式，国家加大力度推进京津冀科技园区数字经济发展。一方面，支持互联网运营商加快构建综合服务体系，加速网络基础设施建设。另一方面，支持互联网应用企业，树立行业标杆，鼓励开发移动互联网人工智能平台。特别是京津冀科技园区，除保留传统基本产能外，还要具备在新技术下对客户大数据的研管能力，对在线平台的运营维护能力，以及对供应链的整合提升能力等。在传统模式下最为关注的是要素成本，但在新经济下必须转向"以客户为中心"，更加充分利用人工智能、大数据等新技术提升效率。未来，以新制造、新零售、新服务等为代表的数字化新经济，将占京津冀经济社会的大部分比重。

# 第三章
# 国内循环内涵型协同创新混合体模式

　　构建合理的国内资源循环，除发挥市场配置的决定性作用外，在京津冀产业链供应链技术溢出间断和信息失灵时，同样需各级政府的干预协调。但要处理好市场与政府的关系问题，若执行政策发生了资源扭曲配置，则会产生僵尸空心科技园区。在京津冀科技园区协同创新实践中存在诸多交叉领域，很难厘清政府与市场的边界。如果采取有侧重偏向性的区域产业政策直接干预，并不符合产业链供应链精细化分工要求。从执行层面分类看，京津冀产业政策包括水平型、垂直型和综合型。为与京津冀科技园区协同创新相匹配，应采取区域产业链供应链与全球价值链相融合的综合导向型产业政策。其侧重点在于利用国内国际资源联动，提升京津冀科技园区在全球价值链地位。也就是说，更好发挥各级政府作用，主要体现在产业政策是否能让京津冀科技园区顺应产业链供应链的分工规律，转向攀登全球价值链高端。面对严峻多变的国际政治经济复杂形势，除仍坚持充分市场竞争下利用现成技术及其集成化驱动发展外，京津冀科技园区还要在更广范围内调动各类资源加速提升协同创新能力，增强产业主导力和国际竞争力。尤其在事关国家重大战略、重要基建、民生公益等领域中，发挥京津冀集中力量办大事的制度优势，通过组织各地资源循环，引导京津冀科技园区在关系经济全局和长远发展的重大科技领域协同创新与突破。

　　近年来，从5G通信、北斗导航、高速铁路、特高压输电等重大工程项目上取得的突出成就来看，以国内为主的现有资源循环，有实力支撑京津冀科技园区形成跨区模块化协同创新模式。在创新驱动京津冀协同发展的未来进程中，要统筹好国内国际市场资源。此外，以新一代信息技术为核心的新科技革命使世界资源禀赋与分布加速调整，京津冀经济生活都已发生深刻变化，京津冀科技园区协同创新的原有经验也会被重置。数字经济蓬勃兴起，使区域各民生领域都能跨界融合。特别是在移动互联网加速流行后，企业创业活力、产业创新空间、市场知识风投等网络要素有机结合，共同催化出分享经济、绿色经济、智慧城市等新理念。京津冀科技园区积极从全球多领域融入数字经济，塑造以数字化、智能化为典型特征的新工业生产方式，不断为京津冀协同创新驱动新产业技术和新业态模式注入了新发展动力。在区域日益多元的市场主体竞争与国际复杂多变的资源供应形势双重压力下，京津冀科技园区形成了内涵型协同创新模式。对此，不仅要正确认识新时期国内外资源优势，还要准确把握新时代京津冀科技园区协同创新驱动发展的一般规律。针对不同类型的环境变化，京津冀科技园区能及时调整创新活动，并精准适当地采用最新前沿科技，以转变现有生产方式，与国际产业链供应链融合，实现弯道超车及并行发展。

# 第一节　国内资源的整合循环

　　国内资源供给结构对提升京津冀产业链供应链现代化有重要影响。各资源禀赋程度会形成对应的市场成本，并会通过比较优势达成最佳资源组合供给，以及其与中微观生产结构互为资源循环积累。其中，资源组合与生产结构互为正向因果。资源组合优化会促进生产结构升级，生产结构迭代会加速资源组合更新。两者共同推动京津冀产业链供应链演进，进而实现区域经济社会发展。在各时点上，任何京津冀科技园区都有其生产需求的要素组合，并先会面对周边现有的资源供给结构。如果京津冀科技园区生产结构能够组合现有资源变为区域比较优势，就能创造更多价值而获得市场竞争力。由此，形成更大的资源积累倾向。资源供给侧结构更新加快，生产结构也随之更新升级。产业链供应链可理解为外化于微观主体且大型叠加的资源组合与生产结构。即国内资源供给是京津冀科技园区及其相关产业链供应链比较优势的先决条件。但是，通过科技创新可催生出更新更优的资源要素。同时，还能改变基于原有资源禀赋的产业链供应链结构，极有可能让京津冀科技园区创造出最多的劳动价值。例如，克服时空障碍的通信运输科技创新，增加了原有生产资源的流动性，并大规模拓宽了其来源渠道。无论是从降低成本来说还是从增加品类而言，都使原始资源形成新的比较优势。若具备长期安全稳定、自力更生的协同创新能力，京津冀科技园区就可使不同工序资源支撑条件可持续更好地适应资源供给调整，促进传统资源被重新分割组合，形成新结构。

所以，协同创新能力会转变为京津冀科技园区的绝对生产优势。在当前兴起的世界新科技革命中，正涌现出大数据、区块链、云计算、物联网等大量新技术，为提升京津冀科技园区协同创新能力提供了新机遇。一方面，在深层次上降低交易费用，优化资源配置并加速生产迭代，提升京津冀产业链供应链稳定可控性，充分释放各科技园区向全球价值链分工顶端迈进的创新潜能；另一方面，在广视域上推动了国内国际资源供给衔接，京津冀传统三大产业间更加紧密，产业链供应链跨国跨界更为频繁，有效扩展各科技园区提升协同创新能力的资源空间和科技条件。国内科技资源供给结构与京津冀科技园区协同创新行为良性互动的前提是合理的配置机制，使资源供应商与各科技园区共同谋求创新投资双赢回报，达到整合产业链上下游的目的。一是京津冀人才资源如果相对丰富，就可实施适度赶超的创新活动，各科技园区协同创新主要依靠自创立以来积累的研发团队[①]，但一般不会轻易下放战略制定与治理决策的创新自主权；二是金融资源投入京津冀科技园区企业为股权或债权，能通过有强流动性的证券市场，轻易就可退出低值低效园区企业[②]，其供应商参与创新动力不足，只关心保值增值及其规范债务权或转股履约权；三是京津冀产业资源转化为实物

---

① 储小平，王宣喻. 私营家族企业融资渠道结构及其演变 [J]. 中国软科学，2004 (1)：62-67.

② Almazan A, Hartzell J, Starks L. Active institutional shareholders and cost of monitoring: evidence from executive compensation [J]. Financial Management, 2005 (34)：5-34.

创新资源，并附带同业经验和供给渠道，其供应商会有长期战略考虑，强专用性使其要与园区企业频繁往来业务，熟悉并参与各类创新活动，试图影响其创新战略制定与执行①。

## 一、利用风险投资推动协同创新

京津冀科技园区协同创新活动是一个资源配置与政府调节的动态调整过程。一是各园区协同创新面对的是动态复杂的资源供应链体系，在短期内很难稳定，各种源自不同资源配置逻辑的供应链治理机制会同时并存。随着周边政策及经济社会变化，有时互补，有时冲突。二是京津冀科技园区协同创新路径连接了复杂供应链中各类子创新资源配置系统，也是多种权力博弈互动的根源，从而推动区域整体创新体系演化。目前由于京津冀科技园区的经营目标不同，导致了其出现不同步发展，而各类并存。与一般绩效型创新主体不同，京津冀科技园区在特定社会情境下会授意或允许协同创新项目暂时放弃收益最大化，甚至是园区企业要牺牲掉绩效来满足公共服务。作为与其他企业一样的经济组织，园区企业会有两种经济职能，即生产性和交易性。另外，又有双重组织角色，即市场型和公共型。如图3-1所示，划分出以下类别：A是生产性市场型园区，创新用户产品服务；B是交易性市场型园区，创造市场经济价值；C是生产性公共型园区，创新公共产品服务；D是交易性公共型园区，实现政府战略目标。例如改革开放前，在京津冀部分城市（如唐山、天津等）工业园区就是生产性组织，大量以制造工厂为主，执行国家计划产量，创新并提供各种有社会广泛使用价值的产品服务。进入市场化改革后，各园区企业成为独立经营单元，自负盈亏。伴随改革开放的深入，京津冀各类资源供应链迅速壮大，并足够满足区域群众需求。有大量供应商进入生产性市场型园区，参与其创新项目。在新时代，与"什么挣钱，就干什么"的创新诉求不同，京津冀科技园区仍有必要为各地创造各类公共服务。

---

① 卢周来．缔约视角下的企业内部权力之谜［M］．北京：中国人民大学出版社，2009：54.

邓小平在"南方谈话"中指出"计划与市场都是经济手段"①。京津冀科技园区自带政府信誉担保，可在科技市场上利用或成立风投来掌握初创颠覆性技术。科技创新市场化是将各创新环节与对应要素市场相连，利用市场机制优势提高京津冀科技园区协同创新效率。但是，风投要追逐高收益，不会聚焦于各园区现成技术，而是推进原创技术产业化。例如，设计新产品，开辟新市场，催生新产业。京津冀科技园区在工业领域占据主导地位，其研发活动大多是惯例性升级，仅完善现有技术，以发挥规模经济，即沿着低成本工艺思路推进。但为避免颠覆式技术冲击而被新产业边缘化，京津冀科技园区可调整或转向适度赶超的科技创新战略。进入新时代，知识交互与学科交叉推动了全球科技迅猛发展。借助风投助推创新颠覆性技术，新业态迅速崛起，挑战了传统工业模式。即便是在传统机器大生产中居垄断地位的京津冀科技园区，也会被数字化智能制造产业迅速边缘化。区别于私人风投获得财务回报的目的，京津冀科技园区风投着重于战略联合，即掌控新工业技术并规避被边缘化风险。部分京津冀科技园区投资初创科技企业颠覆性技术，而不是花费于原有惯例性升级。有竞争力的科技园区必须能高效利用各类外部资源，不断挖掘潜在内部资源。充分掌握并合理利用创新资源决定了其协同创新能力。此外，京津冀科技园区可利用其他风投进行惯例性技术的市场化应用，并开放内外部科技人才、研发项目等，在创新成果转化上发挥市场机制优势，以激发创新积极性，集中资源解决自主创新过程中存在的各种问题，提高创新效率。

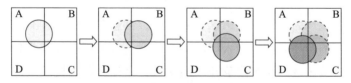

**图 3-1　科技园区改革职能演化轨迹**

资料来源：笔者通过文献整理得出。

---

①　虽然邓小平并未直接说过"资源配置"和"宏观调控"，但邓小平理论中蕴含其相关思想。[详见刘磊. 邓小平关于经济改革和发展论述中蕴含的宏观调控思想 [J]. 党的文献，2019（5）：73-79.]

## 二、推进协同创新加速园区循环

京津冀科技园区是国家创新体系的重要组成部分，相对有创新资源优势。一方面，在银行信贷和财政补贴上可优先获得支持，有实力开展投资大、周期长的创新活动；另一方面，在国家重点实验室建设与高校院所合作上有便捷条件，能低成本将创新知识市场化为商品成果。而且，京津冀协同创新加快了产品工艺创新。一是各科技园区虽然比较有优势，但其用于内部产品工艺创新的资源不足，难以创造出更高水平的科技成果。二是园区内部管理不规范，管委会兼有公务员身份，以行政任命或凭政绩晋升，缺乏绩效激励机制，导致怠于创新。三是有些科技园区承担政策性负担，政府调控使其无法以市场需求为导向专注于先进技术开发。但是，各科技园区间正好能形成资源互补，找到其他园区进行协同创新，确实能摆脱各类资源瓶颈。通过园区职业管理激励机制，可提高科技协同创新积极性。考虑到在社会福利与经济利润中选择最大化目标，京津冀科技园区协同创新能有效解决过于依赖各级政府的问题，以市场竞争机制倒逼其选择协同提升创新表现。一方面，可减少政府调控，避免日常经营行政化，降低社会政治压力在投资创新项目时的考量，政府职能从干预转向服务，根据创新目标更好地提供资源支持，解决协同创新经费不足的问题。另一方面，有助于形成权责利匹配、管理有序、运转合规的协调管理结构，不仅能打破园区管委会虚置局面，而且为其领导园区企业提升创新动力而制定出更为有效的激励措施，营造内部良好的创新环境。

然而，京津冀科技园区协同创新效率依然可能受到地方政府调控影响。为完成当地公益性建设而将政策性负担转移给园区企业，造成其不利于开展创收性创新活动。投资京津冀科技园区企业有控股和参股两种形式。前者有社会资源优势，但易出现资源垄断与代理问题，行政干预不强。后者虽无代理问题，但其行政调控减弱。提升京津冀科技园区协同创新能力的关键是构建能合理发挥不同性质园区优势的权力治理机制。不仅要转型升级现有落后产能，还要发挥调动资本创新热情。尽管京津冀各地允许有些科技园区可留存部分利润作为内部资源,但其科技创新经费仍然受限,不充裕且见效慢,使其都不愿进行研发活动,特别是支持基础研究。若受过多级政府干预,京津冀科技园区也无暇关注协同创新能力提升,同时因利润太少也无创新激励。为提高协同创新绩效,各自为政的行政干预应逐渐减少,并转化为孵化经费、研发减税和政策补贴等经济调节手段,支持引导京津冀各科技园区增补各类创新资源,分散开发风险,并鼓励技术成果应用转化,切实把协作创新作为摆脱资源困境、提高区域经济社会效益的重要途径。但由于京津冀科技园区存在多头治理弊端,导致其管委会权责不明确,经常发生创新动力不足、投资效率低下等问题。而且,并不直接参与创新活动的行政主体有时会牺牲创新而追逐短期最大利益,导致管理成本高而创新能力差的恶性循环。京津冀科技园区协同创新有助于将各类优质资本重组并完善治理机制,便于各类资本交流并实践先进创新经验,为创新提供良好的园区内部培育环境。同时,还改变了原有人事劳动关系,将其转变为内部劳资关系,将人力资源市场化,将其待遇薪酬细化并与创新全面绩效相挂钩,也减少了管委会与园区企业的道德风险,激发科技人员创新动力,加速园区内部创新资源循环。

## 三、改革供给侧优化国内主循环

进入经济新常态后,京津冀各地群众的需要层次也发生了结构性变化,从物质文化生活需要转向更高质量的美好生活向往,但区域经济增长减缓问题突出。"我国拥有 1 亿多市场主体和 1.7 亿多受过高等教育或拥有各类专业技能的人才,有包括 4 亿多中等收入群体在内的 14 亿人口所形成的超大规模内需市场,正处于新型工业化、信息化、城镇化、农业现代化快速发展阶段,投资需求潜力巨大。"① 扩大内需并调动各地居民在国内消费就成为主攻方向。经济结构质量提升必然会代替经济规模无序扩张。为达到高质量经济要求,京津冀各地需优

---

① 习近平. 在经济社会领域专家座谈会上的讲话 [N]. 人民日报, 2020-08-25 (2).

化供给侧资源环境并完善科技园区供给机制，深入贯彻创新驱动发展战略。为获得更多创新资源与发展空间，京津冀科技园区应将战略焦点从国际市场转为国内国际两个市场相结合，从推进供给侧结构性改革视角，深层次解决国内国际两种市场资源双循环的结构问题，实现资源供给与创新需求平衡、市场局部与经济总量并重、区域主体与国内国际综合并行的战略目标。习近平总书记指出，"要加快完善国内统一大市场，形成供需互促、产销并进的良性循环，塑造市场化、法治化、国际化营商环境，强化竞争政策作用"[①]。但目前，在国内主循环中尚未发挥出基础研究对科技创新及成果转化的引导作用。其原因在于京津冀科技园区不仅缺乏基础研究，而且基础研究产业化落地仍存在尚未疏通的体制机制障碍。习近平总书记 2020 年 10 月 17 日主持中央政治局第二十四次集体学习时强调"要提高量子科技理论研究成果向实用化、工程化转化的速度和效率"。京津冀经济高质量发展的驱动力主要来自强大市场需求下先进科技创新产品供给。但其核心技术往往已被发达国家垄断占有，而京津冀科技园区拥有的只是国际贸易技术溢出后的中间部件或落后技术。由此，要摆脱发达国家核心技术围堵，仅依靠从其手中购买或模仿是不够的，还要从基础研究出发，尽快转化为原创性产品及服务。

京津冀科技园区协同创新后发优势从生产力角度出发，有以下方面内容：一是经济落后会激发其参与市场竞争的紧张压力，更有动力加快科技创新步伐；二是为缩短追赶进度，会寻找最适合资源禀赋的替代方案；三是另行转移并扩展市场空间，以实现跨越式科技创新。无论是追赶式创新还是跨越式创新，京津冀科技园区都只能提升协同创新能力，才不会被市场淘汰。在正式进入协同创新前，京津冀科技园区仍需购置国内外先进技术或关键设备，并囤积科技创新资源，被视为过渡阶段，即以模仿学习提高生产效率。但是，不会总停留在此阶段，随着资源实现供需良性循环后，必须推动核心技术协同创新，

---

① 习近平主持召开中央财经委员会第八次会议强调 统筹推进现代流通体系建设 为构建新发展格局提供有力支撑 [J]. 中国金融家，2020（9）：10-11.

并将科技成果转化为现实急需品，孕育高科技产业，才是规避外向型经济风险的重要路径。目前，京津冀科技园区已建立产学研协同攻关相对成熟的科研创新项目体制机制，获得了各级政府给予的经费支持。例如，许多新一代信息技术成果都转化为通信基础设施，并及时投入其他产业部门，形成各类"互联网+"的产供销一体化循环模式，即"互联网+农业""互联网+工业"等，汇聚而形成了中国特色的数字经济体系。此外，京津冀各地应深入扩大内需，带动供给侧结构加速匹配，形成良性的资源循环。在供需平衡下，居民收入会不断增加，更有助于依靠消费来有效扩充市场总量，提升物质文化需要层次，确保国内资源循环内生路径。所以，深化供给侧结构性改革也有助于加快资源循环速度。不仅满足国内消费需求变化，还将疏解过剩产能。既巩固现有京津冀科技园区规模经济，又促使协同创新驱动更新换代发展引擎，如开拓创新数字经济等，为优化京津冀经济发展动力创造前提条件。

## 第二节　区域数字化平台集聚

除受自然资源禀赋外，京津冀科技园区协同创新与区域经济社会环境有密切关联，当前，京津冀各地政府从当地发展视角对各科技园区协同创新决策进行政策影响，导致处于不同地区制度下科技园区协同创新行为有明显差异。虽然政府调控强的地区科技园区创新投入高于调控弱的同类园区，但也会阻碍京津冀科技园区协同创新产出转化过程。一方面，各地政府采取市场化激励的产业政策能促使科技资源在特定区域内富集；另一方面，采用非市场约束力量的政策会导致区域分工不足，使资源分散和创新活力下降。例如，当地产业保护主义、地方政府盲目跟风等。此外，其创新行为还受制造业集聚后产生的知识溢出外部性影响。即在制造业内部分工中各类企业同生产技术间由于低壁垒而促成知识外溢效应，以及不同生产技术间由于跨知识交叉而生成互补效应。京津冀科技园区协同创新知识聚集所在的空间分布结构，是产业链供应链各单元的市场化行为结果。所以，在完全自发选择区位下形成某地区特色创新结构，是更有利于发挥同知识外溢与跨知识互补等外部性作用。当然，专业化知识溢出外部性驱动科技创新，同样面临竞争挤出效应。集聚带来的竞争压力能带来区域内产业规模经济，激发其内部科技升级。即京津冀科技园区需要通过协同创新形成差异化竞争优势，或增加创新产出，以抑制集聚侵蚀其当地市场份额。随着产业集聚深化，京津冀科技园区协同创新能力提升会形成科技保护壁垒，迫使潜力企业放弃创新，从而抑制了区域整体创新活动。但在数字经济背景下，区内竞争加速了模仿改进科技创新产品。为避免过度集聚导致资源拥堵或同质化而降低原创回报率，区域内应形成数字化平台整合资源，保持区位异质性要素禀赋优势，如表3-1所示。

**表3-1 数字化智能制造平台模式**

| 科技创新 | 驱动力量 | 主动适应 | 颠覆创造 | 整合集成 |
|---|---|---|---|---|
| 创新战略 | 目标用户 | 制造业企业 | 制造业企业，供应商 | 制造业企业，个体用户，供应商 |
| | 用户需求 | 功能性 | 功能性，服务性 | 功能服务性，潜在个性 |
| | 需求供给 | 中低端产品 | 中高端产品，一体化服务 | 云制造平台，全生命周期服务，产融结合服务 |
| 创新逻辑 | 创造方向 | 产品+技术 | 服务+技术 | 服务+平台 |
| | 共创关系 | 企业单元 | 企业用户双元 | 复杂社会网络系统 |
| | 资源能力 | 资源拓展，能力复制 | 资源配置释放，能力互补重构 | 资源激活扩散匹配，能力协同整合延伸 |
| | 产品服务 | 产品多样性，服务开放性 | 产品创收结构，服务关系优化 | 产品规模扩张，服务共享网络 |
| 价值传递 | 价值流向 | 单向 | 双向 | 网状发散 |
| | 价值类型 | 使用价值 | 使用体验价值 | 共享使用体验价值，时空价值 |
| | 价值分配 | 销售利润 | 让利消费 | 共享收益 |
| 利润获取 | 收入构成 | 产品收入 | 产品收入，服务收入 | 产品收入，服务收入，佣金收入 |
| | 成本结构 | 生产成本 | 生产成本，管理成本 | 生产升本，管理成本，维护成本 |

资料来源：笔者根据研究文献整理得出。

技术溢出外部性创新驱动机制仍需建立在异质性要素密集的基础上，其表现形式符合"资源集聚→市场竞争→科技创新→市场份额"的逻辑线路。关键性创新资源对京津冀科技园区协同创新活动有重要影响①。所以，其与资源供应链治理有关。资源专用性强度决定着该供应商在各园区协同创新中的权力。即拥有专用性强、不可替代的关键性创新资源，供应商就有控制力。当然，不同资源的供应商承担的治理角色与其行为表现会不一致。而且，各类资源间的互补性与匹配度也会影响各园区对其供应商治理的结构与效率。若某类资源供应商较为单一，又无新的可替代资源供应商入驻，就会导致园区严重依赖其资源，极易增强资源供应控制力，引发创新效率降低，进而影响价值收益。关键性创新资源决定京津冀科技园区参与供应链治理的积极性，是其协同创新行为的基础②。京津冀科技园区是否握有可控的供应链，以有力推进创新收益的最大化，不仅关系到整体创新资源的支配与调用，还涉及资源租金分配与价值增值。当然，资源的类别属性、专用性强度、预期收益、所有制形式等差异，使京津冀科技园区治理其供应商的主动程度有所不同。即供应商资源决定其行为方式、参与态度和被治理效度，具体表现为：一是供应商占有优势资源，通常就会在各园区创新中占据一定的主导地位，掌握关键资源的个体有权操纵其他个体，甚至是整个组织③；二是与通用资源供应商相比，拥有关键性创新资源的供应商对获得科技园区创新控制力的欲望会更强烈。此外，各类关键性创新资源供应商在治理中也有明显不同的功能作用。但是，数字技术驱动了各供应商链接为数据联通供应链，实现了线上线下渠道信息共享，从而构建了一站式全功能数字化平台。京津冀科技园区可利用物联网等数字技术整合其所需供应链资源，避免因碎片化而降

① Kathleen E, Jeffrey M. Dynamic capabilities: what are they? [J]. Strategic Management Journal, 2000, 21: 1105-1121.

② Grant M. Toward a knowledge-based theory of the firm [J]. Strategic Management Journal, 1996, 17 (S2): 109-122.

③ Donaldson T, Preston E. The stakeholder theory of the corporation: concepts, evidence, and implications [J]. Academy of Management Review, 1995, 20 (1): 65-91.

低效率，形成供需闭环链接①。

## 一、供应链控制力治理

京津冀科技园区应分析重点产业供应链，找到其薄弱短板，兼并重组国外企业转移技术至京津冀，并补贴发展区域关键产业的供应链闭环，促进高附加值产业实现国产化替代。当然，还需要供应链治理②。京津冀科技园区协同创新的控制力主要体现在"把握产业链中关键性创新资源的中心环节和重心要点"上。其中，中心环节是"具备向终端顾客提供最终产品和完整服务"的关键点，重心要点的判断标准是"有核心专利、关键技术，附加价值高"的产业资源，或是储量大、品位高的实物资源等③。从理论上讲，仅仅通过市场买卖方式获取此类关键性创新资源，京津冀科技园区很容易就会面临交易费用高、被"敲竹杠"等风险而阻碍了协同创新④。对于负担了各地社会创新功能约束或地区调控政策任务的京津冀科技园区而言，通过兼并重组等联盟化或资本化供应商的功能性资源，以占据产业链中心环节，就能为协同创新提供资源供应保障。此外，掌握产业链中已开发的创意新产品生产，也被视为促进京津冀科技园区协同创新的重要手段。各园区与供应商合作的部分原因是其拥有创新性技术或商业创意的新概念产品。与停留在纸面上的新技术专利不同，新概念产品的出现，反映出已将新技术创新变成商品，或者开始着手于专利运营。提高京津冀科技园区企业绩效总是要依托于一些新产品⑤。所以，其更青睐于已

---

① 将消费需求及时传递给上游节点企业进行定制化柔性生产，将上游制造品交付于下游消费者。

② 胡家勇. 论完善产权保护制度［J］. 经济学动态，2014（5）：34-41.

③ 吴金明，钟键能，黄进良."龙头企业"、"产业七寸"与产业链培育［J］. 中国工业经济，2007（1）：53-60.

④ Klein B, Crawford G, Alchian A. Vertical integration, appropriable rents, and the competitive contracting process［J］. The Journal of Law and Economics, 1978, 21（2）：297-326.

⑤ Gilbert A, Mcdougall P. Clusters, knowledge spillovers and new venture performance: an empirical examination［J］. Journal of Business Venturing, 2008, 23（4）：405-422.

有新概念产品资源相对丰富的供应商。能否将新产品转化为超额利润的关键，取决于解决"如何凭借供应商的市场资源、销售渠道，再捆绑科技园区成熟品牌、商业声誉、规模体量？"的问题。所以，共赢是京津冀科技园区与供应商合作发展的常用策略。

在利用市场机制配置创新资源的过程中，将京津冀科技园区与国内外供应链"齐头并进、融合创新"的新格局称为"两条腿走路"，也是京津冀经济发展的重要经验。与有些发达地区或转型省市的"一条腿走路"相比，走得更快、更稳、更协调。京津冀科技园区和供应链是区域产业链创新彼此关联的两个客观层面。按照京津冀科技园区大规模固定资产协同创新项目的投资意愿和运营效率两维度，大致分为以下四种类别：一是最好的合作意愿强、效率高、最理想的协同创新项目，但在现实中非常稀少；二是垄断的合作意愿强，但效率低，通常是大型园区创新项目；三是高度竞争的合作意愿弱，但效率高，大量存在于竞争性市场领域中，通常是各类中小型园区创新项目；四是最差的合作意愿弱、效率低，总会在市场竞争中被淘汰出局。京津冀科技园区与供应商各具优劣势，前者已长期积累大量资产，形成规模效应，有快速扩大固定资产规模、投资实力强等方面的创新资源存量优势，但投资成本更高，反应慢；后者擅长创新资源运营，效率相对较高，但过于看重效率，不会进行长期的、大规模的固定资产投资，为追逐灵活性及短期回报，可能会造成资源的浪费。所以，京津冀科技园区协同创新完全依靠供应链，其潜在危机在于缺乏长期可持续规划，资产积累差，很难占据稳定的市场地位，总会失去创新竞争力，不易长期生存。但是，京津冀科技园区完全依靠自身积累大规模巨额的长期固定资产投资进行创新，在面临经济衰退期时就会迅速变为无法变现的不良资产，而且还要对其维护，会消耗更多管理费用。京津冀科技园区与供应链在产业链上形成协同创新体系，是一种有现实社会经济合理性的制度安排。其中，隐含着各园区企业与供应商创新资源互补及权力博弈的协调结构。

那么，京津冀各科技园区如何能更好地改善劣势、发挥优势以实现创新绩效上的共赢？基于优劣势角度，可从关键性创新资源的稀缺性及专用性入手进行考量。所以，混合资源是建立创新结构的基础。在京津冀科技园区协同创新中，创新决策的权力配置要看谁投入的什么关键性创新资源来决定。在各方意志一致、各项创新资源占比稳定的情况下，各园区协同创新项目运营的制度逻辑和权力体系实质上表现得不明显。在布局供应链闭环中，各地政府要重视供应链治理效率：一是争取短期见效；二是增强增长韧性；三是实施保守措施；四是考虑投入产出；五是整体全局站位。作为京津冀地理范围最大的地区，河北省的产业功能定位为全国现代商贸物流重要基地、产业转型升级试验区、新型城镇化与城乡统筹示范区，以及京津冀生态环境支撑区。如图3-2所示，依靠京津冀"四纵、四横、一环"交通网络，依托首都科技园区、中央部门、企业总部及高校院所打造地域集中、上下游紧密、稳定安全的协同创新供应链。此外，可发挥金融调节资源配置的中介作用，发展贷款融资等供应链金融以引资补链。一方面，延伸

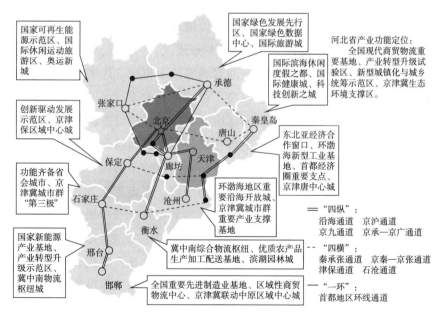

**图3-2　京津冀"四纵、四横、一环"交通规划与河北省各市高科技产业功能定位**

资料来源：笔者根据《中共河北省委关于制定河北省"十三五"规划的建议》，以及新华社对《京津冀协同发展规划纲要》的新闻报道整理得出。

区域价值链来推进各地科技园区整体转型，并扩散带动周边地区，扩大产业链融合效应；另一方面，深化京津冀经济发展轴带（张家口—北京—天津—沧州）战略，利用各地异质性资源，因地制宜加速产业升级。例如，京津冀北部从事休闲旅游和绿色经济，占据价值链高端；京津冀中部增强京津生产能力，承接新兴产业转移，重点发展价值链中间环节；京津冀南部提升初级产品加工能力，作为价值链初级原料产地。由此，合理引导产能由北向南有序转移，形成独立完整的区域资源循环链网，以提高京津冀科技园区跨区运营和各地整合的资源集成能力。其中，也离不开统筹供应链基础设施建设，构建现代化物流管理体系，大力发展数字化物流服务业，提升国内外供应通达程度。

## 二、项目协同实验平台

随着数字智能技术的广泛应用，京津冀科技园区与供应链各节点单元通过合资项目，建设数字化基础设施及平台化运行流程，逐步加快资源物流速度，并取得了许多科技创新成就。一方面，依托 5G 移动网络建立人工智能、物联网、自动驾驶等技术集成，建成京津冀一体化供应链决策融合中心，极大提高了资源物流效率；另一方面，借助大数据分析技术，京津冀科技园区协同创新项目建设资源共享平台与各供应商间及供应链各节点线上虚拟层与线下实体层间都实现信息流的实时传递，从资源供应到创新设计、生产销售全过程，运用数据平台监控各类物料信息，并共享至各部门节点，提高了运营效率。资源供应链复杂程度决定了京津冀科技园区各节点商业活动成本，数据平台应用优化了其循环流程。不仅收集整理各供应渠道的碎片化数据，采用智能算法进行消费画像以挖掘潜在需求并优化资源配置，而且在仓储管理上应用射频识别技术有效降低了库存成本。在保障资源有序循环的基础上，京津冀科技园区利用合资项目投入，构建科技创新实验平台。显然，要优先选择更成熟先进、有商业化价值且具颠覆性的核心技术作为目标对象。由于其他技术从研发论证到可行实现要很长周期，而且还存在资源投入死亡之谷风险。而成熟技术价值转化时间短且风险低，容易判断其商业潜力，能够完全避免需求变化及技术替代所引致的创新沉没成本，但市场份额已被瓜分，无法赚取超额利润。所以，协同实验平台定位是尚处于产业化早期的相对成熟技术。虽然其作为商业合资项目也已比较成熟，但还需应用设计验证、商业模式创新等产业化环节。然后，就是增大各类风投基金投资合资概率。协同实验平台需要大量资金用于初始产品设计、生产运营推广等科技成果转化。同时，不同创新科技产业化需要选择与之匹配的差异化商业模式。

在区域知识产权保护环境尚未完善的情况下，京津冀科技园区许多独立研发团队难以通过技术市场交易完成许可转让过程，只能靠自行创业才能实现资金回笼，但又缺乏商业实践经验。所以，需要依托科创合资项目，构建协同实验平台来合作完成。由此可见，该平台有以下核心能力：一是资源整合集成力，对接风投资金或引进科技人才；二是商业模式创新力，设计适宜制造业特性的技术应用方案。从组织功能分工设计上看，京津冀科技园区协同实验平台通常会采用"窄专业核心—宽应用外围"模式。核心创新团队层级结构要窄，便于协调沟通，但要有专业创新能力，如产业深度判断、技术知识理解和商业转化设计等。还有，投资外围技术应用关系广泛：一是咨询中介帮助了解并发掘更多可孵化的优质科创项目；二是研发专家判断项目技术成熟度、先进性及商业价值；三是创新风投拓展资金并购入资源；四是商务伙伴加速创新产业化市场应用。从财务诉求与收益分配上看，京津冀科技园区协同实验平台建设采用合资形式，适宜按所有者股权来分配收益，不宜划分为成果转化服务费。平台将初创且尚未转化的科创成果视为重点目标对象，但早期缺乏资金，只有等商业化后才能获取收益。在合资项目下，园区资源、科技人员、风险资金、运营能力、战略联盟等都有重要贡献。与京津冀科技园区原创技术单位合资筹建项目协同实验平台，要对平台股权进行合理规划，要给项目未来产业化落地所需的其他战略资源伙伴预留股权分配空间。大多项目可能要跟进三年左右才能成熟应用，而且其实现新科技产品预期收益也有不确定风险。从具体运营管理机制上看，京津冀科技园区作为项目中间方要密切联系原创科技人才并筛选有价值潜力的科技成果进行熟化，并通过导入风投资本支持，跨越产业化死亡之谷，同时，对预期股权收益进行合理分配。

如图 3-3 所示，项目协同实验平台与其他产业合作模式相比存在显著差异，主要有以下特点。一是科创项目开发对象主要源于外部独立研发团队，与各地科技园区并无直接隶属关系，科技人员归平台人事管理，但并不意味着并无任何联系。两者可能形成过相对紧密的产学研关系，也可能在体制内进行过科技创新合作。而且，项目开发对象偏向于具有颠覆性的早期关键核心部件，与诸多众创空间、双创中心的孵化模式不同，其聚焦于单品类项目，虽不宜偏多，但投资巨大，所以由京津冀科技园区牵头成立。即使高校院所成果转化或科技服务项目关注领域相似，但其实用性和颠覆性缺少实践检验。项目研发需持续多年才能成熟，但只有重大商业价值且颠覆性领先技术才值得跟进，才可能预期得到投资回报。同时，目标技术已相对成熟但并非现成。与产业技术研究院运营模式不同，京津冀科技园区科创协同实验平台不仅要使新产品商业化，而且要以新科技落地形成新产业经济基础为目标。开发对象处于科技产业化早期阶段，与多数风投仅锁定成熟技术不同，协同实验平台技术虽已形成，但尚未商业化，京津冀科技园区可介入并引进用于新产品生产销售。二是由独立研发团队主导并以技术入股参与平台科创产业化项目，与高校院所技术转移项目管理，以及专利许可或转让的产业化有显著差异，但和科创孵化器创业服务项目相似。咨询中介、研发专家、创新风投和商业伙伴角色，定位于独立研发团队的合作伙伴，共同参与项目管理。不是以获取中介或咨询服务费为盈利模式，而是以预期股权收益为主。京津冀科技园区科创协同实验平台虽然也有当地政府财政支撑，可先行启动再干中学，但进入股权项目产业化阶段后，需要在已具备创新应用能力的基础上干中学以强化市场化运营，否则很难为合资项目创造价值。实际上，多种伙伴关系网络支撑的开放性科创协同实验平台是真正独立的第三方科技成果转化平台。

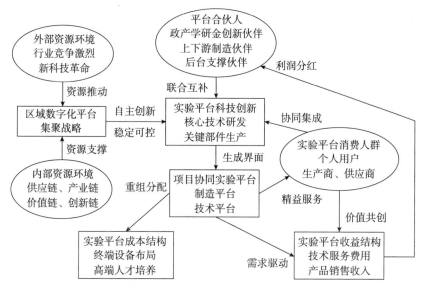

**图 3-3　项目协同实验平台商业模式互动**

资料来源：笔者通过文献整理得出。

## 三、区域共同创新团队

区域共同创新团队有相同明确的科技价值理念与创新目标方向。团队就是兴趣志向相同的组织。在京津冀科技园区共同创新团队中，相同目标往往建立在共同价值观上，即对知识科技分享的精神认同和互利合作共赢的追求共识。京津冀共同创新团队是各科技园区拥有相同价值目标和利益诉求，而不是个别园区追求私有利益最大化。创新团队也重视个体园区利益，试图通过满足每位成员目标来推动团队总目标实现。区域共同创新团队需要必备的科技资源，每项资源来自不同成员并承担着异质性功能。例如，科技人才是第一生产力，也是科技创新的现实源头；科学知识是产生创新成果的推动力；研发经费是科技创新的基本物质保障；科技信息是新工业革命下加速创新的催化剂。京津冀创新团队最大范围地吸引能参与创新活动、支撑区域功能的多元异质性科技园区，以及其相关的政府部门、学术团体、高校院所、经纪中介、投资担保等各类组织，还有产业联盟、行业协会等各类平台。所有创新活动参与方都被纳入京津冀共同创新团队中，充分保证了其功能运转。共同创新团队具有网络关系结构，有助于区域内高校院所、科技企业、政府部门等创新主体紧密联结和有机互动，各类资源要素也能实现高效流动和合理配置。当然，资源交易频次取决于团队各成员交互关系疏密。正是京津冀各科技园区在网络关系结构中协同合作而形成了区域共同创新团队。在区域内会面临各种活动、各类主体、多项功能和多方贡献等复杂性资源管理，对团队统筹协调工作提出了巨大挑战。所以，共同创新团队高效运行需要京津冀体制机制协同支撑。既有初始激励各主体争先参与创新的基础性制度，又有主动协同团队内部创新工作步骤的持续性制度，也有促进各项创新活动正常运行和有序发展的保障性制度。

如图3-4所示，区域地理邻近有助于促进内部知识协同演化，是京津冀共同创新团队形成与发展的重要基础和优势条件。区域科技知识共识与创新关系网络相互融合，形成在组织认知和社会制度上的同根文化意识。与一般科技创新企业不同，京津冀共同创新团体更注重地区软性制度作用，即惯例习俗。例如，拥有语言习惯、财产权利、分配正义、知识产权等区域同种思维判断，有助于创新团体达成共同目标，为相互借鉴经验提供更为有效、便利、稳定的学习条件。技术创新存在大量隐性缄默知识，通过面对面交流有很强的沟通优越性，进而形成庞大的区域聚集组织，并催生强大的虹吸效应。即分工联系和信任关系又不断加强各类创新资源的区域聚集，形成创新热点地区并推动京津冀协同发展。隐性知识扎根于当地社会实践，虽知道但无法言说，而又比显性知识更有价值。除非供需双方付出相对等的认知努力，才能实现其有效传递与转移。但京津冀共同创新团队为知识共享提供了有益渠道，即以灵感激发共同行动，紧密围绕愿景积极完成既定创新实践。在创新团队中，京津冀各科技园区通过知识学习与信息共享的组织化，解决知识复杂性带来的扩散障碍。虽然各园区来自不同的创新氛围与产业领域，但京津冀微环境的隐性知识交流使其达成协同创新的思想共识，有助于降低特异性利己行为。京津冀共同创新团队资源聚集，有助于各科技园区获得更匹配的科技资源，也便于供应链上下游链接及用户联系，通过相互学习以实现隐性知识溢出和协同创新活动。区域集聚的功能在于将京津冀各科技园区纳进同一个生产创新与商业运营中，跨越社会阶层与组织边界建立交叉协作的创新关系。在实时动态的数字化情境下，京津冀共同创新团队为科技园区资源集聚与创新交互提供最有效的协同创新平台，显著提升其创新能力及市场竞争力。

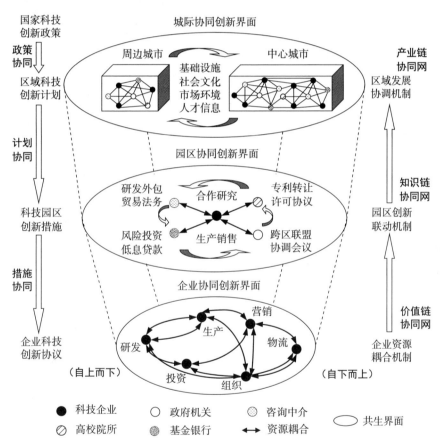

**图3-4 基于科技资源耦合驱动的京津冀都市圈协同创新机制设计**

资料来源：笔者通过文献整理得出。

京津冀各地支持科技园区创新的目的在于促进区域经济社会发展。

然而，部分政策实施的实际效果往往低于预期。既不能充分挖掘京津冀各地资源协同后所蕴藏的全部潜在收益，又没有实现资源聚集后产生的科技要素与创新力量的有机结合。在京津冀科技资源配置中，也需发挥市场机制作用。相比于单纯依赖体制机制设计及政策简单执行的效果而言，更能起到激发创新意愿和创业精神的复杂微观作用。京津冀科技园区协同创新也离不开政府长期的研发经费支持和基础设施建设，并形成区域资源聚集型产业。以京津冀科技资源协同循环为科技创新关键载体，通过其各科技园区协同和科技资源交互的体系设计，京津冀科技园区能充分实现各类资源要素的高效流动和全面共享。并且，基于有为政府和有效市场互动力量带动京津冀社会经济协同发展。其中，创新团队是引领京津冀科技园区技术创新与协同发展的最适宜组织。通过共同目标、共享资源、合作分工、团队运营等协同形式，凝聚各异质性科技园区，在学习交流与开放合作中发挥集体力量并实现个体价值，并增强园区竞争力和区域整合力以达到协同创新效果。另外，创新团队不限于短期分工关系，而是关注于搭建长期协同链接，并不断密集化为京津冀创新环链布局①，巩固团队整体社会认知和组织惯例，推动各园区形成互促同进的趋势，从政策指导到市场自发的调整转换，以完成园区创新到区域发展的结合过渡。此外，政策保障是关键。一是建立健全区域平等协商合作机制，积极解决区域内产业规划、行政管控、资金监管等协调问题，在互利互惠的基础上促进地区资源循环，优化园区协同创新环境并形成辐射带动作用；二是依托新一代信息技术，打造区域数字化共同创新团队，开放共享区域项目推介、成果转化、人才对接等信息资源，推动京津冀创新资源合理配置。

## 四、产业集群互联网化

产业链供应链技术溢出效应促进京津冀知识扩散和组织间学习。

---

① 赵炎，王冰，郑向杰. 联盟创新网络中企业的地理邻近性、区域位置与网络结构特征对创新绩效的影响——基于中国通讯设备行业的实证分析 [J]. 研究与发展管理，2015，27（1）：124-131.

各类科技资源在集群内共享与整合，形成了集群资源基础。然而，资金人才知识等资源容量提升虽降低了各园区创新成本，但也容易引起同技术的简单复制模仿，造成同质化创新与恶性竞争。不仅损害园区龙头企业创造力，还易使其他分工单元对其产生依赖性，导致集群丧失整体创新力，陷入后发动力不足而停滞于低端档次的困境。事实上，京津冀集群产业链供应链升级应是全方位互促互利的网络式技术溢出。除地理邻近优势外，文化习俗、组织惯例、认知习惯等社会共识都是京津冀科技园区以产业集群形式整合科技资源并利用技术溢出效应的重要原因。产业集群加强了政产学研分工合作网络强度，可以增加多边界交互式开放学习。其中，各科技园区作为集群创新核心，技术关键性高于其他配套企业，并指导带动其创新活动，但也不能忽视其在集群中对资源循环的重要影响。两者间技术溢出具有双向性，更多的是需要彼此互动。其中，正向溢出是科技园区以关键技术和先进经验为主导，对配套企业分工技术创新进行激励；逆向溢出是集群配套企业健全基础服务并加速资源流动，正确反馈产品用户改良建议，便于京津冀科技园区技术调整与工艺创新，或可能提高颠覆性创新概率，避免低端复制品多次涌向市场。京津冀集群掌握的关键性资源越多，其吸收的技术溢出越大。双向技术溢出建立起科技园区与配套企业的资源共享平台，集群内知识积累速度和体量都会显著提高。加之，由于拥有地理邻近优势，集群内外高校院所等机构的创新资源也随着产业技术发展而向京津冀加速集中。在集群内，各类园区为达到战略目标而共享资源，倾向于建立长期合作，营造信任互惠氛围。集群中异质性科技园区在复杂创新系统中相互依存，才能创造出难以模仿替代的特色核心技术。

作为系统性创新的产业组织形式，集群内园区企业与配套企业通过正式协议和非正式关系进行技术转让或资源互补，新科技业态和新商业模式也在集群资源循环中被创造出来。一方面，园区企业拥有大量资金、技术、人才等资源储备优势，在与配套企业科技合作中进行正向溢出，以其自然禀赋的创新要素弥补了配套企业科技资源不足、研发能力薄弱等短板，并扩展了应用关键技术的接触渠道，进而提升协同创新能力。另一方面，配套企业对园区企业也有逆向技术溢出，使其以低投入获得各类专业配套服务，而且配套企业基于用户需求多样性变化，能够激发园区企业二次创新或对现有技术集成创新，完成产业集群整体转型升级。当然，是否能有效实现正向或逆向的技术溢出效应，还要看集群企业创新网络结构。其差异性决定了园区企业从不同集群创新网络中获取科技知识是不均匀的。网络强度和分工质量都是京津冀科技园区获得创新资源的关键因素。所以，集群内各类园区因各自禀赋现有科技资源，与周边企业结成多元异质性创新要素的依赖与被依赖关系，形成集群内创新决策权力结构，即基于关键性创新资源的控制与被控制关系。不同资源依赖水平决定了各企业间关系属性。也就是说，园区企业与配套企业的资源依赖性与合作创新权力分配有契合性。若各方依赖性不平衡时，京津冀集群创新控制力将偏向于资源富集方。权力失衡会使弱小企业利益受损，逼迫其采取破坏团结或退出合作等行为，加剧了合作创新的不稳定性，限制了各方创新要素投入，对集群创新会产生负面影响。在产业集群中，园区企业与周边企业所掌握资源的关键性差异拉大了集群创新权力差距。在本质上，双向技术溢出来自两者的异质性资源相互整合，不同依赖性地位表现出资源禀赋差异。

集群企业间高度依赖会使其对科技创新的理念态度趋同，有助于降低技术合作冲突，维持长期互惠互利关系，减少专利泄露、搭便车等机会行为，共享异质性专业知识并促进协同创新。党的十九大报告提出，加快建设创新型国家，发展高端先进制造业，培育世界一流的制造业集群。"十四五"规划再次强调，要推动先进制造业集群发展，围绕新一代信息技术、生物制药等特色战略性新兴领域，构建优势互补、结构合理的制造业增长引擎。所以，互联网将京津冀产业集群线性分工并升级为网络结构。产业链上下游供求关系是集群园区企业执行市场战略的基本依据。随着互联网虚拟集群的产品市场扩大，京津冀科技园区龙头企业线上线下实体交易效率提升，生产流程、制造职能等各种产业链供应链分工不断深化。互联网空间既不受横向或纵向分工限制，也不受地理边界制约，天然就是全球一体化市场。通过各种供需往来，使京津冀科技园区也成为模块化创新单元。传统产业集群向互联网虚拟集群转型，推动了各园区协同创新机制发生重大转变。通过虚拟集群网络，聚集众多分工关联企业，采取模块化运行与创新机制，利用数字化平台开展生产制造、研发创新、物流销售、金融服务等经济活动。京津冀科技园区进入或退出互联网集群成本被大幅降低，并以加速资源共享合作替代争夺稀缺资源战略竞争，从追求个体资源最优转变为整体互动均匀分享。由此，发现更多外部资源来弥补各园区创新力不足，从而专注于核心能力提升。此外，互联网集群参与主体覆盖京津冀各类经济组织，其相互关联也已超越单纯的产业分工范畴，更适用于社会化大分工体系。实质上，互联网集群采取的是网络社区化运作机制。其最大优势在于正式与非正式、线下与线上、现实与虚拟等各类商业制度，同台竞争战略性资源及用户价值，极大促进了各种法律法规、文化道德、习俗惯例间的碰撞融合，形成了京津冀科技园区协同创新的新模式。

## 第三节  案例分析：北京石墨烯研发代工

北京石墨烯研究院（简称为北京石墨烯）于 2018 年在北京自由贸易区中关村科学城翠湖科技园成立，是由北京大学牵头、北京市政府和社会资本出资共同建设的首都新型研发机构，以打造石墨烯新材料研发及创新创业基地，引领京津冀石墨烯产业发展。北京石墨烯拥有国际顶尖的材料器件和应用研发实验室，有两栋研发大楼，实验室面积 2 万平方米，人才队伍规模近 300 人。其现有标号石墨烯材料研究部、新型石墨烯材料研究部、石墨烯纤维技术研究部和石墨烯器件技术研究部四个核心研发部门，包含有 21 个独立课题组。国家自然科学基金委员会下属机构，如石墨烯制备科学基础科学中心、国家石墨烯材料产业计量测试中心、国家市场监管技术创新中心（石墨烯计量与标准技术）等，相继在北京石墨烯设立。基于强大的专业研发实力

（如烯碳/芳纶Ⅲ复合纤维指标超过杜邦等），北京石墨烯合作伙伴逐年增多，现已建成中国航空制造技术研究院前沿技术联合实验室、中蓝晨光化工设计院有限公司特种纤维实验室、京东方联合创新实验室等研发机构。依托研发代工的政产学研合作新模式，北京石墨烯不断发挥出技术升级革新和新兴产业快速拓展的引领作用，对加速首都全国科创中心建设和京津冀科技园区协同创新有重要示范作用。研发代工是由京津冀科技园区龙头研发机构针对区域内外特定企业的技术创新需求，组建由高水平科技人员构成的专业研发团队，面向用户需求开展定制化的技术研发工作。以此完成了实验样品到实验产品、应用商品的全流程生产，并从基础理论研究、规模生产制造到市场营销推广的多重环节跨越①。随着石墨烯薄膜生产示范中心已完成从研发设计向产业运营顺利过渡，北京石墨烯又相继将玻璃纤维、蚕丝纤维、烯铝集流体等核心技术推广到产业化市场化应用阶段。

北京石墨烯在高端材料应用上不断取得重大突破，其各类产品都在最短时间内通过了尖端设备的专业检测，能够保证稳定供货，进而成为集研发、生产及装备制造于一体的千亿元规模高新技术园区龙头企业。北京石墨烯将继续围绕研发代工模式，不断完善以下四方面：一是技术管理创新，为加快成果转化落地，设立首席科学家负责制和独立课题组对接员责任制，确保从研发、生产、经营到销售的各部门有效衔接，通过与用户互动突破现有技术工艺，并建立流程规范的OA办公体系，编制产品服务规范标准，提升管理效率，兼顾自主品牌建设与知识产权管理，做好专利保护和商标申请。二是治理结构完善，搭好价值发现、创造、评价及分配的利益机制，使三会一层常态化履职，董事会下设战略投融资等专委会，设立研发团队期权持股激励计划，对技术发明人、关键贡献者和组织参与者按照产业化落地的实际产值进行提成奖励，并对业务拓展成绩优异及做出价值贡献的团队进行物质奖励。三是商业模式创新，打通产品转化落地路径，与战略合

① 例如，A3高质超洁薄膜、4~6英寸单晶体晶圆、柔性超级碳玻璃、化学气相沉积（CVD）生长等制造装备，均已达到国内领先水平。

作伙伴及委托客户共建产业生态方案，明确研究院与企业的利益共同体关系，前者作为科研源头和技术支撑，后者作为转化成果和产业平台，并围绕专业联席会形成战略目标与战术信息的对接共识机制，协同联动且良性共建。四是商务拓展优化，推行目标管理制，即科研队伍、业务团队和职能部门逐层落实各项责任，不仅包括应收回款及成本费用，还包括业务控制、计划实施、流程改造及搭建体系等，为不同客户定制各种类型材料的研发服务，并拓展至其市场应用领域，即通过孵烯装备研制材料生长、转移和检测设备，设立且推动行业标准完善。此外，北京石墨烯还成立孵烯玻碳子公司，利用玻纤规模化生产及销售业务完善其制造能力，不断开拓民用市场，探索快速资本化的跨越式发展道路。

## 一、背景分析

目前，京津冀地区已从富起来进入强起来的新时代，其经济处于由要素推动高速增长向创新驱动高质量发展转变的关键阶段，而京津冀协同创新才是实现创新驱动区域协同发展战略的核心动力。《国家中长期科学和技术发展规划纲要（2006—2020年）》实施后，京津冀科技园区建设和产业创新体系取得了显著成效，涌现出大量有竞争活力和国际影响力的科技园区，对区域经济发展起到了重要作用。与此同时，京津冀各地科技园区围绕当地高校院所构建了庞大的技术研究队伍，科技创新实力快速提升。进入新时代，将首都建设成为全国科技创新中心是党中央着眼于推进京津冀协同发展做出的重大部署，也是北京落实首都城市功能定位及带动津冀创新发展的战略任务。于是，2016年国务院关于《北京加强全国科技创新中心建设总体方案》执行以来，北京市就致力于构建以科技园区为创新中心的京津冀协同创新布局。作为首都，北京引领京津冀协同创新有着得天独厚的资源优势与科研实力。一方面，北京市聚集了大量的优质创新资源。至2017年年底，北京有各类高校院所1100多家，居全国城市首位。另一方面，北京市拥有庞大的科技产业链供应链，在中关村科技园聚集了大量科技企业及附属单位，在朝阳区也已形成跨国科技集团总部经济区。因此，以北京石墨烯研发代工为例，探索符合京津冀具体实际的科技园区协同创新路径，推进科技产业深度融合、解决成果转化不畅及科技经济瓶颈的两难矛盾，是促进京津冀协同创新引领发展、激发原创技术活力、提升区域经济结构调整质量及推进首都全国科创中心建设的必由之路。

（一）自主创新能力不足

近年来，京津冀各科技园区的创新创业发展已步入新一轮黄金期，北京市支撑京津冀协同发展战略的引领作用不断增强，涌现出一大批重大标志性原创科技成果。但是，自主创新能力不足、科技成果转化不畅仍是严重制约京津冀协同创新驱动发展的主要因素，其源自京津冀科技园区从研究开发、建模实验、生产应用到市场推广的传统体制机制。此外，企业研发投入很少、产业分工链条低效、创新合作氛围不强等短板也造成了京津冀科技创新实力与世界发达地区存在明显差距。就推进京津冀协同发展战略而言，各地科技园区间的协同创新布局才是区域经济增长和综合实力的必要条件。京津冀科技创新竞争力在很大程度上取决于各地科技园区协同创新能力。目前，发达国家创新体系可分为以下类型：以英美为代表的市场调节型、以德法为代表的政府主导型、以日韩为代表的官产学研一体化类型。但是，其共同点都在于园区（集群）企业才是真正的创新活动主体，其技术创新整合力是政策保证地区创新发展壮大的根本动力，也是提升国家科技竞争力的关键所在。当然，发达国家也无一例外地给予园区企业自主创新以大力的政策扶持。面对国内外激烈的市场竞争，京津冀科技园区才是区域创新发展的动力基础，园区企业承担了研发投入资金（占地区总额70%以上），不仅拥有充足的创新资源和清晰的研发目标，而且在投融资政策、人才激励、风险评估、知识产权保护、成果转化、市场运作等方面形成了完整且成熟的体制机制，确保了京津冀协同创新战略实施的柔韧性和持续性。

京津冀地区拥有国内较为创新活跃的各类科技园区，对区域经济快速发展起了支撑作用。京津冀各科技园区与发达国家相比，普遍缺乏推进技术创新的内在动力，如资源不足、人才缺乏、体制陈旧、评价单一、缺少合作等。特别是京津冀各地现行的科技管理机制，除资源配置"重高校轻企业、重专家轻市场、重成果轻落地"等不足外，税费高、融资难等现实问题也使得部分园区仅聚焦于投资少、风险小、收益大、成本低、见效快的劳动密集型产业和有垄断优势领域，而对于风险大、优势小的基础研究、核心技术、前端产业嗤之以鼻或毫无兴趣。京津冀科技园区研发投入偏低，区域科研布局受限，协同创新能力一直相对薄弱，又缺乏美德日等发达国家以科技园区（集群）龙头企业为主导的高水平工业技术体系，园区企业的创新单元作用也难以充分发挥。由于缺乏前沿水平的科技研发，未能掌握核心技术，导致京津冀科技园区普遍缺少核心竞争力。近年来，在区块链、云计算、物联网、新能源、新材料、元宇宙等高新技术产业领域中，涌现出许多高水平的京津冀科技园区，但同时运行现代化商业模式的园区企业屈指可数。完整的现代化商业模式可以激发园区企业的创新活力和核心竞争力。例如，作为以创新驱动发展为代表的中关村科技园企业小米公司，就是整合了新的商业模式，并形成"硬件+新零售+互联网服务"。与其他手机厂商不同，其采取轻资产运营模式，仅负责产品核心技术研发设计与售后服务，而将生产物流与销售配送进行外包，主要把控营销推广与供应链管理。其用户在系统研发和产品设计上的参与度很高并与核心技术人员共同完成。但是，小米公司的创新资源仍有不足。

## （二）产学研牵引力虚弱

完整的科技创新链条总会沿着产业链分工脉络，即从技术、样品到产品再到商品的市场化和产业化的应用落地。由于京津冀科技园区分散的体制机制原因，各地技术创新后产生的区域差距拉大、创新资源不均等问题一直没有很好解决且越发加剧。虽然京津冀大多数科技园区迫切追求技术创新，但受创新资源限制，仅有少数的园区企业具备高水平研发的能力，以单一企业为主体的产学研相结合模式不足以支撑全面有效的技术创新与产业升级，仍需有所改进，建立科技园区协同创新模式，以实现京津冀高质量发展。京津冀各高校院所的研发方向缺乏产业对接与市场引导，与现实需要相脱节。由此，高校院所和科技企业未形成良好互动的协同创新效应，也没形成适合京津冀协同发展的产学研合作体系及科技成果转化机制。不仅高校院所表现出成果转化率低、资源浪费严重等弊端，也导致科技企业缺乏创新力和竞争力，多数只能参与中低端产业竞争。与发达国家以企业为创新主体的模式不同，在京津冀科技创新体系中，高校院所长期占据科技研发前沿地位并发挥着技术主导作用。京津冀拥有全国庞大的基础科学研究高校院所，从事着科学探索和技术应用等基础研究。经过多年发展，京津冀基础理论研究及前沿技术成果丰厚，承接了科技部863、973等重大专项及国家自然科学基金项目，并获得了资金支持。北京地区更是集中了大量优质创新资源，在"十三五"期间国家科技进步奖占全国的30%。利用北京优质创新资源为京津冀科技发展服务，是京津冀协同发展的突破口。

此外，京津冀科研评价激励制度亟待完善。由于过分强调以期刊论文发表量作为评价依据的激励导向，使科技企业参与基础研究投入的动力不足，进而造成高校院所既缺乏地区产业发展的使命感，又无明确市场需求的应用落地牵引，导致很多理论研究停留在纸面上，闭门造车。既不顶天，也不落地。由此，产生了很多既无重要理论意义，也不具备应用价值的科学研究。产学研合作是高校院所和科技企业优势互补、互惠互利、共同发展的创新模式。在北京中关村核心区高新技术企业中，存在多样化的产学研合作模式，大多以科技项目为纽带，主要有技术转让、项目委托、开发共建等合作模式。但由于双方价值观念和利益诉求并不一致，使其合作过程呈现松散短视、浮于形式及随机短期等特征。即项目团队临时组建，签订合同快聚快散，创新稳定性和持续性难以保证。合作目标注重短期效益，忽略长期创新，遇到利益矛盾或项目完成，科研团队就地解散，不利于知识积累和深入交流。在高精尖技术领域里，多以自主研发为主，需要持续投入资源、长期积累经验，有很高的资源门槛和技术壁垒，但对京津冀产业升级又有很强的引领支撑作用，也是推动区域经济发展的动力源泉。但是，产学研项目从基础研究到转化落地的周期长、风险高。若没有建立资源共享、风险共担、价值共创的长期合作，就难提升科技企业持续的技术创新能力和核心竞争优势。在未来的创新实践中，需要京津冀科技园区持续探索模式创新，冲破阻碍产学研合作的体制障碍，推动协同创新模式日趋多元化，才能发展为稳定紧密、市场主导的产业战略联盟。

## 二、模式创新

2018 年北京市发布《北京市支持建设世界一流新型研发机构实施办法（试行）》，但仍存在产业定位模糊、创新模式混乱等问题。建设新型研发机构不在于创造从无到有的发明，也不是无法规划的砸钱，而是需营造鼓励创新的氛围。也就是说，即便是在现有高校院所的基础上，再增加更多新的研发机构，也很难产生全局性的战略影响。完整的科技创新活动是从专利到产品，再到市场的过程。但因尚未找到有效的转化机制，北京技术创新后的商业模式还一直缺位。虽然在人工智能、云计算、物联网、新能源、新材料等战略性新兴产业中已涌现出大批高水平的科技成果，但同时又能实现其商业运营的企业屈指可数，造成区域产业很难利用最新科技成果获得技术竞争力溢价。北京石墨烯利用工匠创新精神钻研新材料产业"卡脖子"技术，扎实打造石墨烯产业链，形成了涵盖基础理论研究、技术工艺开发和装备设计制造的研发团队，也创造了多项世界前沿的材料规模化制备技术，自主研制出大量开关检测设备，在材料特种应用、产品制备、市场运作等方面取得重要突破。"研究院+公司"的机制设计是北京石墨烯快速发展的重要保障，也是探索成果转化的模式创新。北京石墨烯首次开启研发代工的新型产学研合作模式。与传统制造业的代工生产不同，其由高校院所针对特定企业客户的技术需求，快速组建由高水平科技人员构成的专门技术研发团队，共同面向市场需求开展的定制化研发活动。特定企业明确了具体应用和市场渠道，高校院所代为技术开发。通过政策支持和战略引导，合理分配知识产权收益，将两者进行全过程无缝衔接和利益捆绑。不但为北京石墨烯研发活动提供了市场牵引、转化落地的通道，而且也为特定企业经营发展提供了持续的技术支撑与创新动力。

## （一）制造服务平台建设

随着市场趋于饱和，用户逐渐关注质量等性价比因素。以用户多样性需求为主导，北京石墨烯开始识别传统功能价值，并在现有产品种类的基础上完善功能性新服务。虽然北京石墨烯已注意到用户功能性价值提升，遵循产品与服务相结合的价值逻辑，但仅将用户视为价值消费者，而价值创造只由其独自创造。所以，没有形成价值共创的科技创新网络。即便创造多样性的产品来满足用户需求，也不会提升自主创新能力，最后导致科技资源缓慢循环。此外，石墨烯技术始终被国外企业垄断，而封锁核心技术抑制了北京石墨烯产品多样化创新，只能选择购买吸收和学习模仿等被动方式缓解技术困境，而将资源集中于扩大产能规模上。但随着大数据、数字通信等互联网技术迅速发展，市场个性化需求推动了北京石墨烯以定制化用户服务为中心向工业服务平台进行系统性的战略转变。面对国外企业对石墨烯核心技术的联合封锁，作为首都重要的石墨烯科研基地，北京石墨烯改变不了国际竞争规则，也无法摆脱居于全球价值链中低端的境地。其唯一能做的选择就是既要专于石墨烯研究，又要向研发代工和工业服务转型。国内石墨烯产品市场有许多种国内外品牌和更多产品系列，其激烈竞争程度已进入白热化。

面对日益多样、快速变化的用户需求，北京石墨烯原有科研体制已无法予以满足而转向着重为用户提供更优质服务，并建立顺畅联系的信息反馈机制。基于现有技术实力及品牌价值，北京石墨烯提出应提供连带性售前售后服务，零距离靠近市场并拉近用户距离。即便是进行制造业服务化转型也需由科技创新驱动，并支撑后续服务化商业模式创新。为掌握核心技术并提升国际竞争力，凭借自主设计、联合开发、海外应用等科技创新途径，北京石墨烯强化了现有核心资源及创新能力，以实现科研院所产业服务化跨越。其科技创新成为获取商业价值的新资本手段，为用户提供更丰富的消费体验。随着行业深入发展，不同用户对北京石墨烯服务也提出了新要求，又拓展了其创新服务的内容。北京石墨烯内部资源循环也促进服务化科技创新升级。为响应用户有针对性的需求，需要不断进行科技创新才能应对市场变化，巩固用户与其的稳定关系。服务科技创新与销售渠道改进带来了收益结构改善。而且，通过与服务科技创新的资源循环互动，北京石墨烯商业模式创新要素也在不断完善，使其逐渐提高客服业务比重并进行服务化科技创新。

## （二）商业模式主动创新

核心技术长期被国外企业垄断，致使其仍属于低端制品且产能过剩，难以形成科技创新突破并提升国际市场竞争力。面对国外同行竞争、核心技术封锁与国内市场异质性需求变化，北京石墨烯盈利能力受到极大挑战。原有中低端产品的低价优势也逐渐衰退，以用户为中心的商业模式创新速度已不能快速匹配当前极速转变国外竞争环境和国内资源循环。北京石墨烯决定利用优势技术承揽代工下游企业研发任务并重新调整类型结构，形成以服务高端产业为核心的新商业模式。随着移动互联网数字智能技术突破，北京石墨烯发现整个制造业生产的外部环境发生本质变化，形成价值共创、信息共享的数字经济产品，并引发更多社会群体的共鸣。原有用户愈加关注产品衍生出各种全周期服务内容，并将其视为判断需求是否被满足的关键因素。此外，我国大力倡导"互联网+制造业"、"实体经济+虚拟社区"、数字经济、智能制造、产融结合、政产学研金相结合的传统制造业转型升级路径。在技术发展趋势和市场制度环境都普遍利好的情况下，北京石墨烯加速整合产学研内外部资源，主动挖掘制造业代工服务的潜在机遇。

在自有研发体系的基础上，通过与中航、京东方合作迭代新材料设备，丰富了现有产品功能及其服务内容，设计出主动创新的互联商业模式。收益模式也由买卖购销转变为服务用户。在竞争激烈的行业环境中，北京石墨烯服务化商业模式创新源自挖掘外部用户潜在需求及内部经销动力停滞等因素的驱动作用，并形成以用户为中心增加其实际需要满足的服务业务。其创新方向是满足用户需求，创新工具仍是科技创新。而且，北京石墨烯要与拥有互补性资源及创新能力的联盟合伙人协同创造新的服务体验，在吸引用户注意及扩张消费规模的同时，满足其多样化的动态需求。通过独立自行创新及联合可控创新，跟随前沿核心技术成果，提高市场竞争能力。北京石墨烯科技创新关系由传统"企业—顾客"二元转变为制造、供应、服务等单元合成的多元复杂网络。异质性资源集中于服务平台上，形成链接规模效应，实现多元资源配置高度协同。北京石墨烯与国内知名制造商建立战略合作联盟进行价值共创，不断扩大用户规模效应，强化制造服务能力与优质资源吸附力，从发散式共享价值模式向全价值网络传递模式转变，集聚整合并优化配置创新资源，形成了规模效应强、吸附能力大的复杂创新生态网络平台。

（三）模块环链创新模式

作为创新驱动的科技园区企业，北京石墨烯采用富有活力的"研发代工"资源整合型商业模式创新。围绕科技园区核心研发机构，构建产学研一体化的紧密创新组织。作为新型研发机构，北京石墨烯既不同于现有的高校院所，也与制造企业的研发中心有区别，是协同创新的重要节点，发挥着技术研发、设计、制备、生产及检测的核心作用，尤其适用于前沿科技领域。即融通科技开发与创造价值，致力于解决高科技产业"卡脖子"问题，重点布局政产学研相结合的京津冀科技园区协同创新机制，寻找适合京津冀各地发展现状及未来高科技产业发展战略的协同创新路径。如图3-5所示，研发代工模式沿着"企业提出技术需求→组织技术对接→项目可行性论证→探讨双方合作模式→成立研发代工平台→技术研究→企业承接成果转化和产业化→形成市场销售利润→反馈研发团队"的业务流程而顺势展开。其中，北京石墨烯与特定企业通过全过程利益捆绑，实现从基础研究到产业落地的无缝衔接。通过构建利益相容机制，建设更加透明的实体化平台，将核心技术、高水平人才、市场需求、产业资源、市场渠道等多种资源要素进行全面整合，打通科技与市场间的隔断。而且，该模式灵活多样，可适用于多个技术创新领域，有利于快速推广与落地，推进京津冀科技园区协同创新，形成高水平产业集群及环链布局。建设京津冀新型科技园区协同创新模式，也是基于新一代信息技术融合区域科技园区模块化协同创新环链布局，即充分发挥网络平台对各地创新资源集成优化配置的加速作用，提升京津冀整体的创新力和生产力，以链接各园区企业及周边参与主体形成更为广泛的、以互联网为基础设施与实现工具的新经济发展形态。

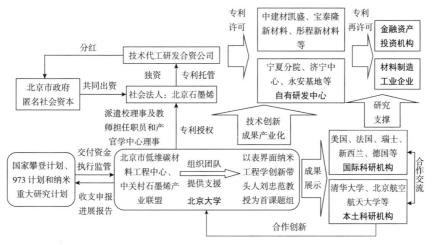

**图3-5 北京石墨烯研究院研发代工产学研合作新模式**

资料来源：笔者根据北京石墨烯研究院官方网站信息介绍整理绘制。

以此，使各创新单元紧密联合，以实现社会资源共享，降低生产费用，提升要素效能。相比于其他协同创新模式，其有以下两个突出优点。一是解决了中小型科技制造企业遇到的技术研发能力不足、缺少核心竞争力等难题。依托京津冀科技园区的跨区模块化协同创新环链布局，科技企业可建立专属的研发模块并委托有专业科研实力的新型研发机构，代为负责有针对科技企业市场需求开展的技术创新工作。京津冀科技园区可通过数字网络平台建立模块环链内的科技资源调动，并将大中城市（京津）的密集资源向外辐射输出，解决了河北地区对科技人才吸引力不足和技术创新氛围匮乏等困难。二是解决了高校院所基础研究与产业落地脱节严重、成果转化不足等难题。模块化协同创新平台的研发代工团队直接接受科技企业委托,也使其明确了技术攻关方向和市场开拓目标,避免高校院所闭门造车、不接地气等务虚不实的现实问题。此外,针对特定高科技领域建立大型的研发代工平台,就可对接多家京津冀科技园区,形成模块化分工的协同创新环链状产业集群。通过专业知识传播、硬件设施共享及技术团队专有的运行机制,可大幅度降低园区企业的研发费用。在京津冀各地政府资金和各类风投基金的支持下,科技园区新型研发机构还可布局中长期技术攻关项目,不断提升代工能力和对外吸引力。此外,更有助于改善高校院所以盲目追求发表论文为导向的业绩评价体系,引导广大科研人员从事有产业实用价值的急需研究。

## 三、对策建议

针对京津冀科技创新与经济发展对接不畅、科技成果不易转化落地等难题,以北京石墨烯研究院为例,经过对其社会融资民营非企业类新型研发机构经营模式以及已实施研发代工的产学研合作创新机制进行研究后,发现其与传统制造企业代工生产有所不同,即高校院所根据特定企业的技术需求,组建由专业科技人员构成的高水平研发团队,以市场需求为导向开展定制化技术服务。科技企业负责明确具体应用和市场渠道,高校院所专注于技术开发。通过京津冀政策支持,合理分配知识产权,全过程共享收益,以实现从基础研究到产业落地的无缝衔接。所以,该模式可以扩展为产业园区内及相互间的模块化创新环链机制,符合京津冀政产学研协同创新需求,具有利益机制明确、形式灵活多样、适用高科技领域、示范与辐射作用强等特点,有望解决京津冀科技企业技术力量不足、核心竞争力欠缺,并引导高校院所研发方向,提高科研成果应用于产业实践的积极性。研发代工是符合京津冀具体实际的政产学研协同创新模式,具有利益机制灵活、形式明确多样、适用领域广泛、示范辐射力强等优势特点。由此,建议京津冀各级政府为新型研发机构制定配套政策,开展研发代工试点工作,加快推进京津冀科技园区的跨区模块化协同创新环链布局演化。

也就是说，京津冀科技园区可将各价值环节拆分为单个模块，基于创新模块间的资源耦合关系，构建京津冀科技园区的互利共生、偏利寄生或交织混合等模块化创新体系。并且，将其视为区域开放创新的技术生态系统，以中关村为中心，形成连锁式传递、涟漪式扩散与交叉式渗透等多种模块化创新方式与"独立模块分解→复合模块协同→异质模块集成"的区域高科技产业演进轨迹，以及"一方完全占有→不对等→模块化对等"的模块收益分配结构。此外，通过园区平台算法，有助于协调高校院所专注于技术研发，驱动科技企业专注于转化经营，专业分工且各司其职，充分发挥各自比较优势。既解决园区企业创新难题，又增加高校院所转化效率。与现有项目合作制或技术转让制不同，高校院所与科技企业在高新技术领域的合作通常采用项目制或技术转让制，但风险高、收益低。但是，科技园区研发代工新模式可以不拘泥于单一特定的技术转让再进行转化落地，而是全方位的利益捆绑。以此，可大幅度提高成果转化效率，有助于双方共同打造品牌，不断升级换代产品，提高市场竞争力。

（一）预期效果

作为北京地区新型产学研合作模式，研发代工模式将科研活动与实践需求紧密结合，克服了科技脱离经济的诸多问题，既解决科技企业创新资源不足、核心竞争力欠缺，也帮助高校院所解决研发忽视市场引导、成果难以产业化落地等问题。针对特定科技领域的大型研发代工平台，高校院所可对接多家科技企业，有助于改善以盲目追求发表论文数量为导向的科研项目评价体制，引导科技人员从事有产业价值的创新研究，让京津冀研发投入获得落地实效。所以，京津冀科技园区研发代工的产学研合作模式有望实质性推进现阶段区域模块化协同创新进度，弥合科技成果研发与转化间的信息鸿沟，对京津冀科技园区探索协同创新体制机制，以及对园区企业技术转型升级和新兴产业快速拓展，起到引领带动作用，对加速建设首都全国科创中心功能和推进京津冀协同发展具有重要的示范作用。与此同时，作为北京市支持成立的新型研发机构，北京石墨烯开展了研发代工模式的创新实践，相继落实了一批产学研合作单位。至2018年10月，其与一批科技企业签署了合作协议，如燕园众欣研发中心、宝泰隆研发中心、邳州量点新材料研发中心、万鑫石墨谷研发中心、凯盛研发中心等五家首批合作机构揭牌成立，标志着其在研发代工的政产学研融通合作中取得了实质进展，也证实了该模式对京津冀各科技园区及高新科技企业的巨大吸引力。

相比于其他产学研合作创新模式，北京石墨烯研发代工模式有以下几方面突出优点。一是有效解决中小型科技企业研发创新能力不足、缺少核心竞争力的难题，高校院所研发代工可使科技企业建立专属的研发平台，由实力雄厚的高校院所专业团队负责运行管理，并针对科技企业客户需求开展市场开发工作。研发代工平台设在京津冀创新资源密集的大中型城市或科技园区，解决了偏远地区科技企业人才吸引力不足的难题。二是有效解决京津冀高校院所基础研究产业化效率低，与大规模生产相脱节的难题。研发代工团队直接对科技企业负责，有着明确的技术市场目标，避免了高校院所闭门造车、脱离实际、不接地气等成果难转化的现实问题。科技企业研发代工仅专注于产业化落地和市场化开拓，两者充分发挥各自优势，回避了教授办企业引发的诸多社会问题，大幅度增加了科研人员推进成果转化的意愿。三是高校院所不必担心漫无目的地研发创新导致的成果无用，与科技企业开展项目合作可前期明确技术转让方向，也避免其在高新技术开发过程中遇到的高风险。当然，研发代工也不拘泥于单一技术转让收益合作方式，而是全方位的"利益捆绑式"合作，通过共同努力和坚持实现技术与市场的对接，可大幅度提高成果转化的成功率。这种协作模式还有助于双方共同打造品牌产品，并不断升级换代，提高市场竞争力。

（二）政策建议

北京石墨烯研发代工模式构建起高校院所与科技企业利益共创共享机制，使其成为京津冀科技园区明确的协同创新实体平台，将核心技术、科技人才、市场需求、产业信息、市场渠道等多种创新资源要素进行全面有效的系统整合，打通了科技研发与市场需求间的鸿沟，提供了更加符合京津冀具体实际的产学研合作与成果转化思路。由于机制灵活、形式多样及贴合市场,北京石墨烯研发代工模式可适用于许多科技产业领域,有利于高校院所科技成果快速转化落地与营销推广,并对津冀科技园区形成示范辐射效应,推动京津冀科技园区协同创新。由此,可提出以下政策建议:由京津冀各地政府鼓励设立多种样态的新型研发机构,选择若干典型高新技术领域(如人工智能、新能源车、生物医疗、新型材料、集成电路等),设立由高校院所、科技企业或行业协会共同组建的模块化协同创新平台,推广研发代工试点工作。此外,在首都全国科创中心和雄安新区高标准建设中,引入研发代工模式,打造科技园区总部经济,布局京津冀模块化协同创新环链。利用北京雄厚的创新资源及雄安新区蓄势待发的政策优惠,推进京津冀科技园区协同创新驱动高质量发展,即建议各地政府在首都"三城一区"和雄安新区的建设中,通过研发代工模式,引导高校院所人才资源与科技企业资金设备相匹配,建立若干大型高科技产业协同创新平台。

此外,各级政府部门可有重点地提供一对一的科技帮扶服务。例如,选派业务人员到协同创新项目组挂职,也可安排项目组人员到政府部门兼职。北京市各级政府可利用科技园区,如中关村科技园、怀柔科学城、未来科学城等,集中建立科研成果转化服务中心,按 PPP 模式成立研发代工机构提供政策咨询、知识产权、投融资、工商登记、人才招聘等全方位有针对性的服务倾斜。同时,京津冀各地制定容错纠错和风险防范等配套政策,为区域研发代工机构的发展解除后顾之忧。任何科研创新都有风险,领域越前沿,失败概率也就越大。若科技成果转化决策管理缺少制度保障,很难给研发代工机构或协同创新平台科研人员应有的发挥空间。另外,还应提前设计出科研人员在成果转化过程中的防范控制机制,尽可能合理合法地消除高校院所科研人员的顾虑。2018 年 7 月中共中央办公厅、国务院办公厅印发《关于深化项目评审、人才评价、机构评估改革的意见》指出,要坚定实施创新驱动发展战略。也就是说,要深化京津冀科技园区协同创新体制改革,以激发科研人员的创新积极性,即构建科学规范、高效诚信的分类评价体系，以改革科研项目评审、人才评价、机构评估等业务环节，统筹自然科学和社会科学等不同门类。不同于以往将发表论文和申请专利作为目标的高校院所，研发代工机构从一开始就已面对市场需求与产业应用开展科技研发活动。所以，可将科技成果转化效果作为科研人员重要的评价指标。

# 第四章
# 国际循环外延型协同创新共同体模式

　　京津冀经济已从由要素低成本优势拉动的高增长进入创新驱动高质量发展阶段。改革开放后，京津冀不断深化科技园区技术"引进来"战略，推动其在对外合作中加快产业转型升级。在国内国际资源循环格局下，促进京津冀科技园区协同创新，推动区域产业结构转型，对实现京津冀高质量协同发展有重要作用。积极参与国内国际资源循环是京津冀科技园区协同创新的必然战略选择。形成安全稳定的营商环境就是打造内外资源一体化循环体系，是持续参与国际循环的有效条件，极大程度地释放社会主义市场经济体制优势，吸引外资技术和国际人才，为京津冀科技园区协同创新提供有利的资源条件。同时，各科技园区创新要坚持自立自强，以抵御产业不安全和供应不稳定的国际循环风险。对外开放初期，京津冀各地以低成本劳动力及环境资源优势为筹码交换外资技术，助推各科技园区实现了现代化发展。进入新时代，京津冀会更侧重深层次地开展对外开放，将自力更生视为外向型创新战略的内在约束，不仅重视科技加快产量销量增长，更关注创新驱动质量品牌提升。京津冀科技园区要对国际政治经济新形势有节制参与和对全球新科技革命有理性判断，确保其协同创新不偏离以人民为中心的产业现代化方向。

　　京津冀各科技园区必须坚持党的正确领导，平等参与国际资源循环，聚焦于国内大循环，不能过度依赖外资技术，需要依靠协同创新，并加强同更多国家地区进行长期合作。习近平总书记指出"新兴市场国家和发展中国家需要同舟共济、坚定信心，加强团结协作，共同构建开放型世界经济"①。京津冀科技园区应对逆全球化的战略选择，短期供应链保稳，长期产业链拔高，都离不开协同创新。并且，切实加入国际友好创新平台，建立国际科技合作长效制度，如依托"一带一路"、APEC、金砖国家、RCEP等协议框架。同时，批判吸收国外产业先进经验，也是合理构建跨区模块化协同创新环链布局的有力武器。在国内国际资源循环中，京津冀科技园区协同创新"卡脖子"问题直接影响到区域产业稳定发展。虽然京津冀科技园区可以大量引进国外基础研究成果，并模仿二次创新出许多高质量制成品，但缺少从无到有的原创核心技术。如果仅限于引进改造国外技术，京津冀科技园区始终无法产生基础性创新突破而总跟在后边走，处处被动而受制于人。只有依靠提升协同创新能力，才能推动产业转型升级。

## 第一节　国际资源的耦合循环

发达国家也对京津冀科技园区抱团出海实施了某些技术"脱钩"政策，严禁各园区企业进口核心技术、关键部件和高端装备，只允许引进由其主导的淘汰落后产能，使京津冀科技园区被长期嵌入全球价值链低端的代工组装环节，很难集中资源提高协同创新能力。一旦脱离发达国家控制，既要面对前沿科技领先及有全球竞争优势的跨国公司压制打击，又要面临发达国家的市场抵制与贸易封锁。但若京津冀科技园区不能形成独立可控的协同创新能力，就没有机会掌握产业链上游的核心技术，也就很难在下游获得高附加值的全球竞争力。在现阶段，京津冀科技园区既不能脱离全球价值链分工体系，也不能放弃谋求核心技术创新突破并实现产业链供应链稳定可控，而是要积极参与国际资源循环，并在全球产业链中开放借鉴与独立制衡。直面国际

---

① 参见国家主席习近平 2017 年 9 月 5 日在厦门国际会议中心主持新兴市场国家与发展中国家对话会并致辞。

形势，京津冀科技园区国际化创新目标应以和谐共生为核心，将注意力放在核心技术创新突破上，努力培育协同创新能力。京津冀科技园区必须深刻认识到没有安全稳定的技术引进渠道就不可能获得技术溢出效应。只低头拉车，不抬头看路，难以达成产业链现代化。依靠持续研发投入提升协同创新能力，才是唯一出路。京津冀科技园区应继续参与到对外开放浪潮中，并保持科技协同创新的战略定力。

当前，发达国家很难从根本上排挤我国的全球分工地位，也不可能破坏现有国际贸易规则，更无法阻拦京津冀科技园区参与国际资源循环。随着新科技革命兴起，发达国家对我国采取各种遏制策略，也不能妨碍京津冀科技园区在部分特定关键领域开展颠覆性协同创新。当前，仍要加快对外开放步伐，吸引全球高科技跨国投资，抵御来自各方的贸易保护主义挑战。并且，继续坚持独立自主原则，为京津冀科技园区协同创新营造稳定的全球产业链合作体系。针对国际资源循环，京津冀各地也在积极引导世界贸易准则调整，逐步延伸并扩张全球价值链，使之成为全球多边治理升级的重要部分。一方面，捍卫发展中国家差别待遇；另一方面，及时把握 WTO 规则未来变化。借鉴发达国家成熟经验，在坚持科技园区政府项目竞争中性的基础上，布局国际循环下协同创新战略，避免可能爆发新的全球科技摩擦。面对2008 年金融危机后缓慢恢复使发达国家普遍萌生贸易保护与单边主义的同时，全球新型冠状病毒感染发生期间导致的短期停产停工又压制了新一轮经济全球化，但京津冀科技园区仍继续积极推进"一带一路"建设，在世界未有之大变局下，践行人类命运共同体理念。与发达国家主导的经济全球化不同，"一带一路"沿线大多是谋求平等发展的后发国家，不搞垄断封闭与科技霸权，也不通过资本剥削扩张，而是倡导共同发展、互利共赢。利用"一带一路"倡议广泛参与国际资源循环，使京津冀科技园区能辩证地做到独善其身与兼济天下。

## 一、国内国际资源系统共生

资源耦合循环使国内国际两个市场相互作用和彼此融合，形成有更强大功能和更高级结构的良性循环。国内国际资源双循环与京津冀科技园区协同创新也均为开放系统，都已成为我国发展的基本战略。而且，两者并非独立，而是辩证统一存在，彼此联系与相互支撑。国内国际两种市场资源循环融合的重要部分就是建立京津冀科技园区协同创新的微观机制，而其实质也是加快京津冀协同发展。其中，协同创新仍是获得竞争优势的关键要素。为打破国外核心技术垄断封锁，京津冀科技园区协同创新是必由之路。同时，国内国际资源循环通畅融合可有效带动各科技园区协同创新能力提升。进入新时代，京津冀科技园区基于低成本优势下进行传统低效加工已不适应国内外市场变化。世界各国大型跨国工业企业普遍利用政策人才信息等市场资源，加速提升科技创新竞争力。现代网络数字技术使社会大分工更为细化，京津冀科技园区仅依靠基础工业生产，很难避免被新科技革命淘汰的市场竞争风险，也难以满足人民美好生活向往。协同创新才是唯一出路。近年来，京津冀科技园区逐步形成了参与国际大循环并以引进国外先进技术为主的协同创新路径，主要通过低成本优势交换、高价购置、消化吸收二次创新、国际产学研合作和跨国并购重组等方式。通过与国际创新网络有机结合，有利于京津冀科技园区与国际科创中心开展密切的知识互通和技术共享。京津冀科技园区需整合国内国际科技资源实力，要将战略目标设定为增强自主创新能力，全面建设世界一流企业，助力于实施京津冀协同发展战略，从而增强区域产业综合竞争实力。同样，布局跨区模块化协同创新环链加速资源循环，以改变以往过度使用低成本劳动力优势与破坏资源环境的旧发展模式，试图用高科技驱动传统制造业升级，加快转变生产方式，从而提高社会生产力和产业竞争力。

京津冀科技园区协同创新与国内国际资源循环都离不开政产研学金①等组织结合的复杂网络体系。各创新主体间整合资源并深入合作，

---

① "政"包括国务院、国资委及国务院下属多家部门，以及地方各级国资委及其他政府部门；"产"包括各类制造业企业及其周边外企民企；"研"包括社科院、中科院，以及各地方科研院所和各级研究机构；"学"包括中央及地方高校；"金"包括银行基金及其他金融信息服务平台。

以形成系统叠加的创新效果。京津冀科技园区涉及科技敏感性与专利保密性，事关国家关键领域和重大战略，造成世界各国产业合作往往浅尝辄止。为减少研发投入、缩短研制周期，京津冀科技园区以往采取模仿为主、自研为辅的协同创新道路。但总会停留在后端拼装集成创新的技术应用突破上，难以满足产业化要求。京津冀科技园区核心竞争力已远落后于发达国家。随着新科技革命爆发，京津冀各地低成本资源优势丧失，科技园区生产率下降。核心技术研究、先进装备制造等引起了社会各界的高度重视。提升协同创新能力对京津冀协同发展尤为重要。在此背景下，京津冀实施创新驱动发展战略，通过制定战略性产业政策，以实现国内国际市场资源互联共享，加快各科技园区协同创新并驱动供给侧高质量发展。进入新时代，国内人民美好生活向往与国际市场资源竞争加剧，也对京津冀科技园区协同创新提出了新要求，并呈现出新态势。随着基础研究深化和科技复杂性提高，依靠多主体分工合作创新代替单打独斗搞研发已成为新趋势。除依靠区域协同力量探索技术创新并打破发达国家长期技术封锁外，京津冀科技园区要融入由多种创新要素融合形成多类创新主体互动合作的非线性科技创新过程。为此，要改变国内市场与国际市场相脱节局面，不断壮大国内市场并促进国内国际资源循环。通过科技合作网络和研发分工关系，京津冀科技园区与越来越多的产学研单位相结合，形成自主可控的协同创新生态。通过国内国际资源双循环，以实现各类创新要素优势互补，打破京津冀科技园区独立封闭的技术创新方式，以期在更深层次上构建自主可控、稳定有序的协同创新模式。

国内与国际在经费规模、科技人才及实验设备等市场资源上有所不同。在坚持区域协同创新战略下，探索发现式创新和应用发明式创新仍然是京津冀科技园区可选择的两种形式。当前，在新的国际形势下世界科技资源竞争也在日益加剧。不仅部分外贸出口订单被取消，京津冀科技园区长期依赖进口的国外关键部件也严重缺货。例如在新型冠状病毒感染发生期间，硅晶圆、光刻胶、芯片等零件断供，造成我国集成电路、新能源车等行业生产受阻。由此，增强自主创新能力、形成产业链上游控制力更具迫切性。对此，需要尽快打造稳定可控的国内循环。以园区龙头企业为抓手,通过引入跨区创新资源来补链扩链增链强链,从原料供应、功能设计、加工组装到运营销售全过程把控,重点解决区域产业核心技术"卡脖子"难题。通过深度广度延伸,重构国内大循环供应链并形成新的产业链。现代新兴科技创新极为复杂多样,涉及多领域学科,单纯依靠各科技园区也很难短期顺利完成。尤其是核心技术创新更要聚集优质资源集中攻关,依托京津冀各地政府制定的产业政策,构建基础科学攻关的协同创新机制,显得更为重要。以此,加速重塑京津冀科技园区协同创新所需的资源双循环体系,以保障其安全稳定、健康持续的发展。一方面,各园区要做好应对国际产业波动、外贸出口撤单、物流进口滞阻等短期危机,并树立长期风险忧患意识,凭借区域产业规划政策加强其与研发设计、生产制造、销售服务等产业链上下游建立长效互惠合作机制,不断增进信息沟通与创新协作;另一方面,抓住以园区龙头企业为核心的牛鼻子,利用数字经济产业链重塑机遇,加快智能化转型升级,抢占国内国际双循环先机,从而形成"核心技术→稀缺材料→关键部件→高端整机→操作系统"的全链条创新集成机制。

## 二、国际分工推动产业优化

随着全球生产力提升和贸易规模扩大,世界经济一体化程度日益提高,使各类资源都依靠国际分工网络进行配置组合。京津冀依托国内超大规模市场,许多国家出口消费品最终都在其中实现价值。同时,京津冀拥有较为全面的工业创新体系,很多国家生产所需的中间产品都从其进口。加入 WTO 后,我国成为世界最大出口贸易国,也是国际分工最积极的参与国,还使京津冀科技园区深度融入全球工业体系中,并已成为重要节点,其国际市场份额也逐年提高。从世界各国经济发展历程及我国对外开放经验可知,经济全球化符合人民需要,是京津冀经济平稳增长的基调。虽然当前面临逆全球化思潮短期冲击,但同时国际资源流动也在向全球化网络层级递进,进一步提升了经济全球化资源配置力和辐射面。目前,京津冀科技园区协同创新不能再单靠国际资源循环，而是在跨区或国内循环基础上，将其生产、分配、交换、消费等各环节深度融入国际分工体系并参与国际大循环，更好地利用国内国际两种市场资源①。既要加强国内循环，又要开放国际循环。通过畅通国内循环，推动国际循环。一是扩大内需规模，吸引资金、技术、人才等资源集聚，并依据内需有针对性地参与经济全球化，促使世界贸易更为开放包容；二是坚持对外开放，更深层次科技"引进来"和更高水平产能"走出去"，优化区域营商环境，集结各地创新要素及产业链供应链，增强世界市场竞争力和国际资源吸引力；三是推进开放转型，将传统大规模引进投资转变为高质量创新合作，扎实推进对外开放并实现内涵发展，提升国际分工地位，为京津冀经济发展提供强大外部市场动力；四是加快制度并轨，以科技园区模块化协同平台为单位，对接高标准国际规则，促进投资贸易金融自由化，形成分工有序、配置合理、互惠互利的国际产业链供应链。

京津冀协同发展离不开世界，世界发展也有京津冀的贡献。世界商品贸易、国际贸易投资、全球产业分工是全球价值链形成的三个重要阶段。面对当前全球产业分工新形势，要求京津冀科技园区协同创新必须参与国内国际循环新发展格局。也就是说，构建新发展格局会重塑现有全球产业分工形势，也会适宜京津冀科技园区展开协同创新活动，提升京津冀产业的全球竞争实力和国际市场地位。其本质上就是构建安全稳定的产业链供应链，掌控全球价值链分工的主导权，形成国际核心竞争力。纵观京津冀各地经济对外开放发展历程可知，在世界商品贸易阶段，各科技园区发挥低成本要素优势并开始推进出口导向型发展模式；在国际贸易投资阶段，各园区已基本可制造大量出口的中间品，并参与国内国外两套独立循环体系；在全球产业分工阶段，京津冀科技园区必然要全面参与国内国际资源循环，只有创新出高质量制成品，才能更好提升国际竞争优势。对外开放多年以来，京

---

① 任保平．"十四五"时期构建基于双循环新发展格局的政治经济学逻辑 [J]．长安大学学报（社会科学版），2021，23（1）：2-7.

津冀地区的国际分工参与度逐年上升，覆盖面不断扩大①。京津冀科技园区有部分市场资源在国外，需要内外循环畅通才能有效运转。所以，经济全球化波动对京津冀科技园区的影响也较大。推动构建国内国际资源循环，保障国际产业链供应链安全稳定，对京津冀科技园区协同创新有重大好处。当然，也给发达国家时常利用拆链断链等方式来打击京津冀科技园区带来机会。但是，国际资源循环的复杂性使各园区不应做出极端对抗隔离的战略选择，而是要基于国内区域市场，以更开放的心态促使国际分工延伸，并尽最大努力提升协同创新能力，形成补链备链等应对策略，保持资源可持续供给力。习近平总书记指出"不能搞封闭的内循环，更不能搞省内、市内、县内的小循环"②，而是要拆除各种分割形式的市场壁垒，共同参与国内国际大循环。

当今，国际工业分工面临减速停顿。但在5G通信和智能算法等技术应用下，京津冀产业数字化转型也在快速全面推进。一是流程工序再造，在生产工艺或制造方法上进行系统性创新重组；二是产品功能升级，引入更先进的生产线制造更高附加值的新产品；三是业务环节改造③，拓展参与全球价值链环节，丰富业务能力；四是跨越领域转型，利用知识积累，实现从本行业转向另外行业的经营战略。京津冀科技园区从首次嵌入全球区域性价值链开始，就要不断创新，以拓展其在国际分工中与国内企业间的后向产业联系，以及在全球价值链上实现国内资源支撑的多元高端化发展。随着技术迭代速度加快及其复杂功能增加，新技术产品研发费用上升，但使用周期缩短，导致独自创新难度增大。目前，全球研发生产率逐年下降，相同技术换代时长需更多的可持续研发投入。越复杂技术构成的科技产品，越需要国际分工合作完成，以促进工业创新生产率提高。这样，各园区都会仅专

---

① 刘玉荣．全球价值链重塑背景下中国国际分工地位测度与演变趋势分析［J］．南京邮电大学学报（社会科学版），2020（4）：41-57.

② 习近平．紧扣一体化和高质量抓好重点工作 推动长三角一体化发展不断取得成效［N］．人民日报，2020-08-23（1）．

③ 例如，从委托加工（OEM）发展为研发设计制造（ODM），再发展为原始品牌制造（OBM）。

注于最擅长领域生产，提供简单有效的零部件加工，多国协同研发并集成出国际市场商品。此外，商品流通也是社会大生产的重要环节，与生产、分配和消费构成经济循环。国内国际资源循环离不开供应链。但是，京津冀供应链代化程度不高，有不少断点尚未打通。由此，可基于国际分工规律，科学搭建现代物流体系。一是加快建设统一开放的交通枢纽，完善综合运输通道网，各地布局内外联通、安全稳定、高效可控的开放窗口；二是以智能数字技术改造供应链，使上游生产与下游消费相衔接，国内国际跨界融合，形成覆盖广泛、业务突出、品牌知名、有竞争力的供应商；三是优化国际市场法治化营商环境，形成竞争有序、宽松有效、公平激励、统一开放的国内大市场；四是健全集群配套服务，推进研发基础设施建设。

## 三、贸易投资内外资源交互

作为最大的发展中国家，我国融入全球价值链不仅可获得分工细化后的标准化生产收益，而且能学习模仿到科技溢出新产品。参与国际贸易投资，为京津冀科技园区提供更好的信息资源渠道，使其能争取到快速交互国内外科技资源的发展机遇。通常，国际贸易投资采用了各国认可度高的质量控制体系及全球通行商业标准，京津冀科技园区可通过参与国际分工，形成新的市场竞争力。即通过"用中学""干中学"等方式，提高技术创新力。同时，各园区参与世界商品贸易后，为降低交易成本会激发其对外直接投资。通过合资设立研发中心并逆向追溯技术源头，促进科技园区协同创新水平的提高，从而提升其全球价值链地位。对外技术投资能明显增强国际分工技术溢出效应。通过产业链供应链上下游的正向关联，提升京津冀产业整体技术水平和国际竞争实力。所以，国际贸易投资对京津冀科技园区协同创新有促进作用。一方面，各园区会投入较高研发经费与科技人才，具有一定的创新能力，自主选择出口导向型市场战略；另一方面，园区出口可学习国外先进技术与管理经验，从而又使其协同创新能力大幅提升。当然，在双边或多边自贸协定发生外生冲击时，京津冀科技园区会因进出口资源量变动而动态调整其协同创新活动，即贸易自由化会给予各园区更多先进技术授权，提高海外投资生产率并激发科技集成式创新。另外，影响京津冀科技园区协同创新活动的因素还包括国际贸易层次及国际技术许可等。根据习近平总书记重要指示可知，构建双循环新发展格局体现了京津冀科技园区战略转型的内在要求。一方面，转变出口导向政策，把满足内需作为落脚点；另一方面，加快形成产业基础创新能力，改变长期处于国际分工中低端地位。

### （一）内向集成全球资源

改革开放以来，虽然国内资金实力显著增强，但并不意味着不再要引进外资。经济全球化的资源配置已超出互通有无、调节溢缺的界限。即便资金充裕国在对外投资的同时，也在大量吸收外资，形成资本的全球流动。京津冀科技园区投资寻求的是回报高风险小的盈利机会①。各园区企业在激烈竞争中不断增强创新优势，就要重组内外部各种资源。现在吸收外资并不光是需要资金，还要随其流入的研发网络、管理经验、经营理念等各类附带的创新要素。京津冀科技园区海外投资已成为带动协同创新力的重要手段。此外，利用国际技术资源也并非都是创新力不足。实际上，技术出口国也往往引进技术。京津冀科技园区只有利用进出口双向参与全球科技资源配置，才能形成强大的协同创新能力。针对高科技产业而言，其产品各部分零件都要达到较高水准。作为大型复杂科技网络系统的产物，高端科技整体发生功能迭代，则关键零件供应商也要平行更新其科技水平或同步调整其工业属性。科技产品创新含量越高，就越是需要集成世界各国各类优质创新资源，其只能依靠全球资源循环网络予以配置。

发达国家往往大量出口高科技产品，又不断从京津冀各科技园区回购关键零件，是全球创新资源网络中的双向贸易核心②。由此，京津

---

① 张劲帆，李汉涯，何晖.企业上市与企业创新——基于中国企业专利申请的研究[J].金融研究，2017（5）：160-175.

② 江小涓，孟丽君.内循环为主、外循环赋能与更高水平双循环——国际经验与中国实践[J].管理世界，2021，37（1）：1-19.

冀各地创新资源禀赋结构也在发生变化，主要集中在资金、人才、技术等流动要素上，而土地、水、石油等自然资源禀赋不会改变。随着京津冀经济体量逐年快速增大，资源短缺问题就变得更为突出。自2006 年京津冀地区石油进口依存度就没有低于过 60%。此外，还有许多资源供应显著不足，要依靠国际循环补充。长期以来，京津冀科技园区协同创新主要依赖国内独立与外资合资的研发机构。然而，受制于国外核心技术封锁并面临国内人才瓶颈，各科技园区协同能力提升有限。进入新时代，在"一带一路"倡议及"走出去"、积极开展双创等战略号召下，许多园区企业都意识到了布局全球创新资源配置的战略意义，纷纷改变以往仅在国内封闭创新的老传统，而选择海外投资研发中心。在跨境融合中，科研经费、高端人才和前沿技术等资源要素都在全球创新网络中协同演进，支撑京津冀科技园区快速提升其核心竞争力。但是，贸易保护和新型冠状病毒感染的发生又加速了各园区从全球调取创新资源回国开展稳定安全的协同创新活动。

（二）向外跨境合资研发

京津冀科技园区跨境合资研发尚未充分发展，仍有继续上升的空间。就核心技术创新而言，各园区企业即便能够顺利引入，也不易消化吸收。其原因在于核心技术的内隐知识内核，才是京津冀科技园区协同创新的重点内容，也是获得长期国际竞争优势不可或缺的战略资源。所以，为获取核心技术的内隐知识，京津冀科技园区才催生出采取跨境合资手段，进行探索型研发。与在国内自行研发或引进外资境内合作研究相比，跨境合资式探索型研发能充分融入当地协同创新生态环境中，更容易逆向追溯核心技术知识外溢，获取其异质性内隐知识。以此，突破国外核心技术封锁，能明显提升京津冀科技园区协同创新能力。国际分工技术溢出效应是科学知识向世界扩散的主要形式，也是各园区争相获得关键性知识创新资源的重要途径。在很大程度上，国际分工技术溢出的知识质量或专利数量取决于吸收地与输出源的地理邻近程度。通过合资建立跨境研发中心，京津冀科技园区能极大缩短技术溢出传递距离，更有助于避免内隐知识长距离传输中产生衰减而失真，提高了核心技术知识储备。

跨境合资研发中心能够嵌入当地知识创新网络，不但有近源优势直接吸引其高端人才组建紧密的科研团队，也可近距离与其高科技企业开展跨境合作创新。即便仅是参加当地现场学术活动或与其科研人员互动交流，也非常方便实时跟踪前沿技术发展趋势。通过吸收积累内化，再与现有技术整合进行二次创新，就提高了开发出核心技术的可能性以及超越式协同创新能力。然而，境内合资研发中心总会面临外资担心核心技术泄露而进行封锁隐瞒等行为，导致京津冀科技园区以市场换技术未能达到预期，甚至还养成慵懒的俘获效应，抑制协同创新能力的提升。而跨境合资研发中心能帮助京津冀科技园区进驻全球任何资源富集区，获得技术人才等内隐知识必备条件及比较优势。所以，与外资境内合作研发相比，各科技园区"走出去"并成立跨境合资研发中心能带来更多创新资源。除探索型跨境合资研发外，京津冀就科技园区应用型跨境研发也有助于了解当地消费需求，更有助于针对性地开展设计生产，并及时调整目标销售活动。以此积累了丰富的创新经验及科技资源，也迫使其提升异质性渐进式协同创新能力。

## 第二节　全球产业链分工匹配

通过积极参与全球产业链分工，京津冀科技园区融入国际循环来获取科技创新资源。但在缺乏高端核心技术的情况下，只能通过京津冀低成本资源禀赋优势进入全球价值链中低端。而依托核心技术的潜在价值，发达国家主导全球价值链布局，建立更先进的产业链并控制链节零件供应商科技水平，从中获得高附加值。所以，不仅京津冀科技园区转向国际循环要提升科技创新能力，而且园区内外周边零件供应商也要达到相应科技标准，使整个产业链供应链向全球价值链高端攀登。否则，无法形成国际市场竞争优势。京津冀大部分园区企业从事加工装配及其设计环节，处于全球价值链中低端。其组装所需零配件和元器件部分还来源于国外进口。尽管京津冀科技园区也为全球价值链提供中间制品,但并不占据有核心技术的中高端环节。除产品附加值低外,各园区处于低端环节还面临技术受制于人的问题,而且劳动力等资源价格上涨,也会失去低成本竞争优势。所以,京津冀科技园区要迈向全球价值链高端,就需要干中学,并对国外核心技术进行消化吸收二次创新,其涉及汽车发动机、智能芯片、操作系统等关键部件。

全球产业链未来演变仍有两个方向。一是纵向分工,趋于缩短。各国原先已分包给其他国家进行跨境生产,以工序流程为分工对象的纵向体系,现在要适度收回,即部分环节要缩回到各国或其跨国公司内部,结果是将在各国或其企业内部集成所有生产工序并包含制造流程,出现逆细化分工的全产业链整合生产倾向。虽然纵向一体化并不符合京津冀基于比较优势分工的规模经济效应,但缩短了区域资源供应链,使其更为安全稳定,并形成自主可控的产业链。二是横向分工,趋于集聚。各国原先已分散到其他国家的同类型制造业企业或相同分工环节,在回缩规模的过程中需落地在同一个具体区域空间上。即都同样布局到某国或若干地理邻近的周边国家或边境地区,进行集中式密集化生产。随着回缩企业增多,京津冀科技园区龙头企业将会依据研产销邻近原则,推动区域产业集群发展。

全球新型冠状病毒感染发生后导致国际分工纵向缩短且横向集聚,即产业链内生化演变。最终,各跨国公司都会将分散全球的产业分工环节集中到特定地区,形成有小规模分工体系的产业集群。既避免全球产业链回缩,又保证分工效率,但其经济效益依然下降,国际市场竞争力也减弱。由此,京津冀科技园区便无法充分获取分工细化的技术溢出效益。但是,闭关锁国也搞不了技术创新。京津冀各科技园区依然会动态开放各类资源循环,积极吸收外资来研发创新,或引入上下游周边配套企业加盟。所以,京津冀应塑造园区协同创新体系,以支撑区域科技协同创新。聚焦原创核心技术,引导京津冀联动发展,是提升园区龙头企业自主创新的内生动力。依据京津冀产业链供应链各节点关键技术,在区域范围内结成对应的创新资源交互关系。一是科技园区寻求共性技术创新，系统性引导重点产业解决"卡脖子"问题；二是调节整合京津冀创新资源集，与全球产业链分工环节对接，并带领链群供应商等周边园区企业围绕关键节点，开展重大项目协同攻关与成果产业化落地。

## 一、制造业协同化价值

工业园区与信息服务园区集聚资源，可形成全球制造业信息服务化协同效应。一方面，信息服务业围绕制造业聚集对京津冀科技园区提升创新效率有直接作用；另一方面，全球制造业信息服务化协同效应也间接提升了创新效率。随着智能共享、数字经济的深入发展，京津冀信息服务业规模也在逐渐扩大，甚至超过了实体制造业。以知识密集型为特征的信息服务园区，逐渐成为京津冀科技园区协同创新系统的重要成分。通过区域分工技术溢出效应，提升京津冀各科技园区协同创新效率。京津冀各园区将大量知识技术在区域中聚合，各创新主体间相互接触互动，进一步加速技术溢出并形成知识互补，也提高园区企业创新力。京津冀科技园区与各周边服务企业先建立科技合作关系，再逐渐搭建起研发协作平台，形成区域集群规模经济。通过共建基础设施、共享研究设备等显性资源，以及交互信息、互补技术等隐性资源，提高创新资源利用率。除集聚技术溢出效应外，同样也会产生同业竞争问题。在京津冀有限的市场空间内共享区域资源，会增加园区企业内部竞争。有竞争优势的园区企业会打破原有利益分配格局，抬高园区准入门槛，激发劣势企业研发潜力。京津冀制造业与信息服务业也会在区域协同集聚为科技园区，其源于后者内生于前者，存在辩证统一关系，而表现为投入产出关联和技术交叉互补。一是制造业与信息服务业协同集聚和密切合作，形成复杂的市场关系及社会网络，营造特定的科技创新氛围；二是作为制造业的上游供应商，信息服务业对其导入资本、人力、技术等市场行情以及系统性资源管理经验。在转型升级的过程中，京津冀科技园区提高了劳动者素质要求，而信息服务业可为其输送大量相配人才。协同创新的园区环境也为京津冀制造业储备丰富的人力资源，能满足对数字技术人才的需求。

同时，京津冀制造业数字服务化存在黏性知识信息，造成技术溢出范围有距离限制，与信息服务业相近的制造业才能加速互动频次形成地理协同集聚。以此加强京津冀各地学习模仿效应，为内隐知识扩散共享并带来超额收益提供了支持条件，从而提高各科技园区吸收区域信息服务业知识溢出的能力。京津冀制造业与信息服务业协同集聚，会形成推动知识传递和技术整合的产学研合作平台。其中，高校院所承担了新技术研发功能。其大量内隐知识很难被制造企业直接转换为生产力，而信息服务企业就起到润滑剂作用，使高校院所知识与制造企业实际需求相结合，使内隐知识转化为新型技术或关键设备后，再便于园区推广。此外，通过引进外资直投等技术溢出渠道，促进京津冀科技园区协同价值跃升。通过外资在我国建厂并对外出口，提高了各园区协同化价值。外资为找到低成本高质量且稳定可靠的合作伙伴，不仅会通过技术培训推动知识传递，还会借助技术授权让多家中资方进行低价竞争。由此，形成依托外资技术溢出的协同创新价值。引进外资会导致竞争加剧，刺激京津冀科技园区加速协同创新活动。但外资也会以技术溢出为由，强行参与要素分配过程，从而主导并阻碍各科技园区价值增长，并加剧其低端锁定。而且，国外专利申请会替代京津冀科技园区同类专利，进而抢占区域市场份额。并且，阻碍各园区获得国际贸易利润分配，妨碍其科技创新与价值创造。但是，外资可通过技术转让、关联交易等使京津冀科技园区能引进模仿或干中学，以消化吸收外资技术溢出。同时，也要求各园区对技术溢出有很强的吸收能力。若科技园区吸收力强，则能加快模仿外资技术进度，促进京津冀各产业向全球价值链高端攀升。

京津冀科技园区也要主动融入全球生产网络，增强世界制造综合实力。习近平总书记指出要从供给侧发力，找准世界市场定位。工业现代化技术已发生根本变化，市场需求结构突变会要求整个产业流程及其各环节也对应进行系统性革新。所以，京津冀科技园区以大规模技术模块嵌入全球生产网络的传统模式已经过时。系统性革新围绕新制成品展开，但其核心技术并未被颠覆，其关键部件也未被淘汰。缺乏核心技术的京津冀科技园区生产系统模块，只能时刻追随拥有核心技术的全球制造主导者。只要国外溢出技术成为制成品生产要素投入，其贸易利益分配就不能局限于国内。由于国外技术更为关键稀缺，在利益分配中占据有利地位，并对各园区价值有控制力。然而，京津冀科技园区关键部件国产化率很低，如精密仪器、航天器材、汽车零件等，长期依赖大量进口，核心技术和关键部件都受制于发达国家。2019 年美国对我国实施科技"脱钩"政策，使京津冀科技园区生产也难以顺利进行。《关于加强国际合作提高我国产业全球价值链地位的指导意见》指出，要由加工组装的低端向联合研发设计的高端延伸，打造我国占主动地位的价值链。京津冀科技园区要改变融入全球生产网络形式，就要从加工生产模块转向关键部件创新，以及制定产品标准。进入新时代，京津冀科技园区才是核心技术和关键部件的创新行为主体。但要先有自主科技产品协同研发平台，并进行大规模市场应用试验，才能获得抢占科技轨道的主动权。所以，要利用好超大规模国内市场优势，将京津冀科技园区协同创新标准置于全球竞争主导位置。随着全球产业链垂直专业化加深，资源禀赋差异使各国参与各自不同的工序环节。其相对地位差异决定着各环节增值能力不同，也赋予了各国对全球价值链的不同控制权。

## 二、数字化全球产业链

全球研发网络由全球产业链内生而成，跨国公司是其重要载体。京津冀科技园区企业在全球研发网络中有重要地位。例如，作为精细化工业品，蛋氨酸制造壁垒高，核心技术由美德日法等国掌握，全球仅八家公司有能力进行规模化稳定生产。2006 年中国化工出资四亿欧元收购法国安迪苏集团 100% 股权，获得其研发技术和整套生产设备。虽然京津冀各科技园区已融入全球研发网络并发挥着重要作用，但其各种波动也对其产生巨大影响。1995 年我国专利贡献全球占比仅为 1%，而 2015~2017 年专利贡献全球占比为 15%①。近年来，数字化模块平台

---

① 来源于世界知识产权组织调研数据。

治理模式成为全球产业链发展主流趋势，其鼓励各跨国公司在世界范围内共享开源系统，以实现创新渠道多样化，避免产业龙头垄断，并促使平台内保持资源协调互补。由此，为京津冀科技园区增添更多开源创新资源、深层次加入全球研发网络等提供了更大空间。进入数字经济时代，全球产业链规模经济效应更为显著。许多数字化服务成本被迅速摊薄，如可复制的制造业信息化服务软件系统等。同时，全球产业链触及的地理范围也急速增大。例如，形成巨型产购销平台后，可容纳更多类别的产品服务，其品牌优势也不断被拓展。借助数字智能技术、国际化研发中心、资产管理全球化等新商业模式，快速推进了生产性服务业实现信息全球化。全球产业链数字化，统一了异质性标准协议，并提升价值链模块化创新程度，使京津冀传统产业更易通过离岸外包实现区域间协同创新，从而提升制造业生产率。数字信息技术为京津冀科技园区跨区模块化协同创新提供了新方式，并加速了区域资源配置深度优化和全球产业链转型重构。新一代通信技术使距离遥远的专家能保持紧密联系，以及采用数字共享设备可实时监控研发进度。

2000年美日德等国专利贡献全球占比为67.7%，而加入西欧等国专利数后的占比为90.1%。但借助数字化全球研发网络，2010年其他国家专利贡献升至33.3%，而科学出版物占比为50%[①]。所以，数字化全球产业链分工更加多样化，能容纳更多国家及地区参与。数字技术使各创新环节实现大规模跨国转移，促使各国都受到科技规律制约，而相互链接为全球性研发网络，也融入国际产业链。新技术迭代速度加快，科技创新日益复杂，京津冀科技园区需将生产划分为不同部分以对应发挥特长，接续生产且互为供求将成为工业发展新常态。生产高科技产品需要国际分工，但资源质量匹配和技术迭代同步的交易成本很高。数字模块化可标准化分解复杂技术，使其易于跨国转移学习，为京津冀科技园区参与全球产业链提供了新机遇，如表4-1所示。数字模块化降低高科技准入门槛，将设计生产、装配销售等职能分解，再通过便捷高效的数字网络将各分散部分整合连接。数字化网络平台

---

① 来源于世界知识产权组织大数据追踪世界最大科技集群数据。

是全球产业分工的核心枢纽，将传统全球产业链改为网络平台驱动。通过控制跨境电商贸易数据，运用智能算法分析用户消费，指导供应商生产。特别是数字区块链追踪技术帮助制造商迅速准确了解大型科技制品各部件供应商及其源头信息，极大地提高了交易效率，并降低零件返修费用。此外，大数据、物联网和云计算等数字技术，可有效减少对生产要素使用的监控成本，强化全球产业链结构。数字技术缩短配送距离并降低贸易费用，能帮助更多京津冀科技园区企业参与到全球产业链中。而且，京津冀科技园区还可利用数字技术参与全球产业链后端的关联环节，提高对外出口总额。

表4-1　京津冀科技园区参与全球价值链提升产业链水平的具体路径

| 路径 | 目的 |
| --- | --- |
| 技术积累、能力演进、突破关键零件进口限制 | 实现产业链升级，掌握核心技术 |
| 增加服务性生产投入或制造业服务化延伸 | 实现生产与服务融合，提升附加值，升级产业链 |
| 从委托加工制造逐步向研发设计制造、原始品牌制造拓展或三种方式共用 | 实现产业链转型和供应链升级 |
| 将现有工艺进行绿色化、智能化改造 | 实现产业链供应链提升 |
| 认识和挖掘传统产业新特点、新需求，重新定位市场 | 实现产业链升级及价值链跃迁 |
| 模仿、积累和研发创新 | 实现对进口品，跨国公司在华生产及国际市场产品替代 |
| 收购品牌、技术等战略性资产 | 实现技术升级，企业再造和产业链优化 |
| 产业融合和模糊行业边界来创造新产品、新需求 | 实现产品革新，企业升级和产业链供应链优化 |
| 企业间战略合作，大企业带动小企业 | 实现产业集群整体升级 |

资料来源：毛蕴诗.重构全球价值链——中国企业升级理论与实践［M］.北京：清华大学出版社，2017.

尤其在国际贸易增速放缓时，发展中国家只有通过数字技术提升全球产业链参与度，才能提升国际市场竞争力，获得更多经济收益。

随着京津冀数字经济加快发展，各科技园区依靠数字技术生产出更多的高科技制成品。同时，数字化消费也在继续发力，向新产业领域全面延伸，逐渐创造出更具重量级的新消费业态。在数字经济中，国内大市场有明显的规模经济和范围优势，使京津冀科技园区处于有力的竞争地位。京津冀人口数量多，年均接入互联网用户的绝对数量和相对比例都很高。2018年京津冀移动网络和社交平台活跃人数都已超过了欧洲各国，培育出许多有全球竞争力的互联网企业。京津冀数字化科技园区仅在国内市场循环中就已获得规模经济和竞争激烈的双重效益。若跨境参与国际循环，则会迅速提升服务效率。所以，京津冀数字经济将会在国内国际双循环上全面发力，引导各科技园区长期高效地开展可持续自主创新。借助京津冀大数据分析平台，传统供应线性链条已被改造为区域新型供应生态系统。近年来，京津冀已形成一批标杆型数字制造科技园区，也在推动全球产业链数字化发展。各园区积极应用数字技术，以优化生产相关业务流程，全面改变科技创新模式，可实现系统化自主创新管理。此外，京津冀还有世界领先的数字化物流供应体系，也是科技园区重要的竞争优势。与世界制成品贸易相比，全球价值链分工贸易对物流运输费用更敏感。以数字智能平台为主导的全球供应链生态，将同时影响全球价值链分工布局和产业链治理结构。智能数字化物流仓储系统极大地提高了京津冀科技园区对用户需求的响应速度，简化了原料采购至货物交付的全流程管理。物联网实时跟踪系统和大数据预测分析系统等尖端智能技术相结合，不仅能加快原料及中间品向制成品转化的速度，而且提高了制成品转移至消费终端的价值转化效率。

## 三、国际创新能力演进

国际创新能力主要有机会识别力、风险承担力、关系合作力、营销竞争力和知识学习力。国际创新机会识别力体现为京津冀科技园区挖掘国际创新资源，或进入国际市场获取新技术的能力；国际创新风险承担力强调各科技园区利用有限的现有创新资源，在复杂的国际市场中承担科技创新不确定性风险；国际创新关系合作力要求各园区与供应商及用户间建立稳定的合作共赢关系，使其制成品能及时安全、便捷价廉地送达消费终端，并提供良好的售后服务，增强国际市场竞争优势；国际创新营销竞争力聚焦于科技园区对市场变化感知、客户关系维系及渠道网络建设有敏感性，以此为依据进行科技创新并通过有效运用各类营销工具，及时精准满足用户个性化需求，为其创造优质价值体验；国际创新知识学习力从对外投融资技术溢出吸收力中衍生而来，但更关注科技园区在国际市场中的竞争对手、产品定价及渠道开发的有效性和适应性，以及分析国际市场变化趋势和新科技革命发展态势，即能够洞察并整合国际资源循环动态，以应对急剧变化的国际市场环境。京津冀科技园区进入从未涉足的国际市场，需要创新机会识别力捕捉新科技革命下产业发展的前沿动态。但在抓住机会努力创新时，也会面临陌生的政策法规、行业竞争、渠道服务及消费用户，难免会因缺少经验借鉴而陷入被动局面。其中，不确定不稳定风险难以预估。所以，需要创新风险承担力更好地应对突发性经营危机。在国际创新能力演进初期，园区企业重要的战略目标是先踏进新的国际市场，让国外用户简单了解或接受其制成品质量功能，在消费过程中获得新的感知体验。在国际创新能力发展期，各园区会更关注减低生产成本并增加热销商品生产，以此扩大国际市场规模，获取国外异质性创新资源，返回用于投资科技创新项目。

为适应不断扩张的新市场，京津冀科技园区需要整合新引进技术、原有技术及新开发技术，开始将内部创新精神植入企业文化，进入国际创新能力提升期[①]。各园区模仿创新符合国内外市场的新技术，由需求驱动研发并设计产品，构建高科技竞争力，强调创新精神与日常经营相融合，并建立突发创新风险的响应预警机制，进行程序及非程序分类应对法。同时，更注重长期与供应商及用户合作，形成收益稳定的供应链，减少各创新资源在不同主体间的流转时间。根据国际推广

---

① 肖利平，谢丹阳. 国外技术引进与本土创新增长：互补还是替代——基于异质吸收能力的视角 [J]. 中国工业经济, 2016 (9)：75-92.

营销战略效果分析，建立创新产品优化反馈机制。在国际创新能力成熟期，京津冀科技园区主要识别有效市场并锁定目标客户，优化国内国际市场布局，已形成创新文化并内化为科技协同创新动力，增强了与供应商用户社会关系网络，并建立联合创新机制。随着京津冀科技园区协同创新能力提升，其全球价值链地位也会有所跃升，即形成"科技创新—流程再造—产品研发—功能升级—链条整合"。一是作为提高全球价值链地位内生动力，科技创新能显著增加园区劳动生产率，增强国际市场竞争比较优势，生产出高附加值产品，带动产业链升级；二是科技园区自主调整原生产工艺，低成本研制高利润新品，增强规模效应，以实现区域制造业功能升级；三是不断提升科技创新力有助于突破发达国家围堵并增强制成品出口，扩大内需并对外开放，积极融入全球价值链。当然，研发经费、科技人才和高端设备是京津冀科技园区协同创新的稀缺资源。首先，打通国内国际资源循环，推进国际产学研合作，深入基础研究并转化为协同创新力。其次，在加大园区研发投入和利用高校院所人才优势的基础上，围绕急需核心技术及被长期封锁未能获得的关键部件，进行联合攻关。最后，建立科技创新成果转让转化公共服务平台，以及资源共享、人才培养的协同创新战略联盟。

全球产业链分工流程分为上游研发设计及关键零件生产、中游组装加工、下游营销售后服务等环节。创新能力演进就是全球价值链向高端攀升，即从低附加值向高附加值迈进。创新能力演进的实质是改变创新要素禀赋优势，提升国际分工地位。创新能力演进与价值链高端化都要求产业链升级，使京津冀科技园区及周边供应商由分工模块化发展为系统集成化，即微笑曲线中游低附加值向上游高附加值攀升。构建跨区域模块化协同创新布局，会加快京津冀供给侧结构性改革，提升区域产业链供应链现代化水平，推动京津冀科技园区协同创新，使各地产业实现价值链高端化发展①。改革开放以来，国际创新能力演进促使了京津冀科技园区参与全球产业链，但说明了其向价值链高端

---

① 陈林．"双循环"新发展格局下产业升级的关键［J］．人民论坛，2021（2）：38-40.

转型升级也不可能一蹴而就，仍需经历漫长过程，如表4-2所示。通过外资直接投资和技术引进，从而实现经济规模高速扩张，不足以支撑我国产业链供应链安全可控、稳定持续地高质量发展。只有提升京津冀科技园区协同创新能力，才能更好地参与国际创新能力演进，促使区域工业价值链高端化升级。京津冀加快各科技园区企业自主技术协同创新并向价值链上游攀升，需要重点实现核心技术国产替代，以解决关键部件"卡脖子"问题。虽然我国拥有世界上最完备的工业类别，但缺乏核心技术研发设计能力，长期依赖国外关键部件进口，完全无法进入全球价值链上游。数控机床等高端装备制造业仍发展滞后。在发达国家垄断国际高科技产业资源循环的大背景下，只有构建国内国际双循环新发展格局，依托畅通国内资源大循环，才能推进京津冀科技园区协同创新。只有加大核心技术及关键部件的攻关力度，实现国产化替代并减弱对外依赖，才能建立自主可控的产业链供应链，以实现由低附加值中游向高附加值上游迈进的价值链高端化。

表4-2　国际创新能力演化过程

| 阶段特征 | 初始期 | 发展期 | 提升期 | 成熟期 |
|---|---|---|---|---|
| 能力类型 | 机会识别力，风险承担力 | 机会识别力，风险承担力，关系合作力 | 机会识别力，风险承担力，关系合作力，营销竞争力 | 机会识别力，风险承担力，关系合作力，营销竞争力，知识学习力 |
| 战略目标 | 识别新市场机会，稳定供应新资源 | 降低产品成本，优化资源渠道，产学研相结合 | 扩大市场份额，抵御突发危机，升级供应链，提高品牌价值 | 完善功能服务，满足顾客需求，降低物流成本，提升品牌忠诚度，分析资源环境 |
| 资源供应 | 源自国内 | 源自国内 | 国内外都有 | 全球采购 |
| 生产方式 | 国内生产 | 国外组装 | 国外生产 | 全球化组装配送 |
| 产品功能 | 适应法规升级 | 开发适宜于当地 | 就地特殊设计 | 销售数据驱动设计 |
| 营销推广 | 委托代理经销商 | 直销+经销商 | 合资销售公司 | 大区营销中心 |
| 创新范围 | 研发整机 | 研发设计，国外生产 | 国外研发中心 | 全球化研发中心 |

资料来源：笔者根据研究文献整理得出。

## 四、对接"一带一路"建设

京津冀科技园区需要各地政府成立领导协调机制，如对接"一带一路"建设工作领导小组，强化各级政府部门对外服务的综合协调作用。京津冀各地政府需建立科技园区协同创新国际化工作协商机制，共同研究制定重大政策、协调重大问题、设定时间任务进度表。各单位部门要责任落实，将对接"一带一路"工作纳入主要议事日程，定期召开统筹会议，落实行动方案并做好本单位的规划编制、方案实施、招商选资等具体工作。对接领导小组及协调会议要与国家有关部委对接，积极争取京津冀各地"一带一路"通道建设、产业合作、人文交流等重点项目纳入国家相关专项规划和政策支持范围。同时，各地要加强舆论引导，组织开展政策解读与宣讲。推动将京津冀重点扶持和鼓励的对外协同创新园区企业纳入国家税收激励范围，创新配套税收政策体系，落实出口退税、税收抵免、税收减免、延期纳税等政策。对国家重点鼓励的出口贸易和项目运营推行增值税零税率试点工作；对承担国家鼓励类重点科技产业项目而京津冀科技园区不能生产的自用设备及配件免征进口关税。此外，保障政企沟通服务需求，整合现有涉外信息服务网站资源，组建对接"一带一路"综合信息网，为京津冀科技园区"走出去"和"引进来"提供大数据咨询平台。通过定期发布基础设施、产业合作、发展平台等重大项目，以及深化试点改革、推进电商融合、实施国际合作的重大政策，为各园区企业免费提供有关国家政治经济社会重大投资经营风险评估报告。例如，列示国家发展改革委对重大政策研究、重要问题处理工作；商务部对外经贸招投标，优势领域项目推介工作等。

京津冀各地联合建立科技园区协同创新与交流联动机制，鼓励抱团出海，形成集群式产业链的深度融合与契约式发展。例如，国家发展改革委与国务院国资委牵头建立园区国企与民企的项目磋商与协商组织，形成定期常态化的沟通交流机制，完善基础设施、交通能源、资金人才、产业衔接等一体化协同发展；搭建国企与央企间重大项目的合作桥梁，鼓励响应国家战略号召，结合市场需求与现有条件，抓住机遇，适当选择海外创新业务；在"一带一路"沿线建立外贸港、工业区与科技园，通过市场手段培育跨国科技企业。京津冀各地要实现外事法则行规对接，保障各科技园区协同创新国际化发展。例如，推行海关合作、检验检疫、认证认可、标准计量、统计信息等工商服务标准统一化，取消不必要的审批手续；改善边境口岸通关设施条件，设立边境口岸单一窗口；加强供应链安全与便利化合作，推进跨境监管程序协调；推动检验检疫证书国际互联网核查，开展经认证的经营者（AEO）互认；简化科技人员出境手续，适当放宽团组人数和出国次数、天数等条件；及时提供沿线国家法律、市场需求、投资环境、经济政策、税收政策、劳动法和人力资源政策、质量安全标准和疫病疫情等风险预警方面信息，设计好争议解决机制；做好前期调研，建立国别商务法规数据库，补充完善双边税收协定数据库；在事后调解中，充分研究双边和多边投资保护协定，善于利用国家仲裁机构和国际仲裁公约等法律工具保护投资利益；对成功或失败的海外投资及对外交往案例进行研究与归纳，汇总编制案例数据库。

京津冀各地要完善科技园区投融资担保体系。财政专项重点扶持园区示范项目建设、支持重要功能性协同平台建设。例如，设立风投引导基金，对重大项目及重点企业给予财政补贴；充分发挥财政杠杆作用，综合运用多种政策手段，对园区跨境协同创新平台建设、人才培养等方面给予支持；运用财政资金支持融资担保，发挥贷款风险补偿机制作用，为外向型园区企业融资提供风险屏障；支持"多行一保"捆绑的海外投融资项目；鼓励证券机构提供以境外股权、矿权等权益资产办理"内保外贷"的业务咨询。京津冀科技园区应构建高端人才发展平台。例如，完善区域人才评价制度、创新聘任方式，开辟绿色通道，搭建国际高端人才交流平台；深化与境外华侨社团合作，协助企业引进海外人才；适时选派各地政府骨干到园区海外项目挂职；打造"一带一路"智库，争取国家引智专项支持，吸纳实践经验丰富的各类专业人才；充分利用世界城市联合会、冬奥会等优势平台，完善沿线城市科技人才对接与扶持政策。此外，京津冀科技园区需建立健全境外重点行业投资和合作交流重大项目库,推行境外合作项目报备制度;与沿线国家驻华使领馆建立定期交流机制,利用政府间各层级对话磋商机制妥善处理在东道国的纠纷与矛盾;建立园区境外合作项目清单与滚动监管机制,以及"一对一"项目服务体系;研究与推定标准示范项目加设重点项目开发奖励机制和退出机制。京津冀科技园区需完善重点项目考核奖励机制,年底对各地项目进度重点考核行政许可、督促推进、协调服务事项;考核结果按程序报各地政府批准后公开通报,并纳入政绩考评;对年度内难以或未实质性开工、投资严重滞后,以及经监察发现开支严重违规、骗套政府资金、基建篡改批示、虚假谋取优惠的建设项目,实行退出机制。

# 第三节　案例分析:文创区知识产权协同

《北京市朝阳区"十三五"时期建设国家文化产业创新实验区发展规划》的数据显示,作为首都文化资源要素集中区,朝阳区至 2017 年年底注册文创企业 8.6 万家,上市 182 家(含新三板 170 家),规模以上文化企业营收 3300 亿元。2018 年朝阳区《政府工作报告》提出"强化协同发展,完善与雄安新区合作机制,坚决落实好对口支援、帮扶与协作各项任务,实施一批重点产业合作项目,形成一批协同发展的标志性成果"。在"十三五"时期,朝阳区服务首都功能、强化核心优势、提升发展品质、促进社会和谐的区位功能不断强化,区内社会各项事业都稳步发展。构建"一带一路"开放大格局也为朝阳区承载首都国际交往中心功能及经济全球化提供重要机遇。京津冀协同发展及科技园区协同创新为朝阳区更好地发挥区位优势、扩大对外开放、提升核心功能、转变经济模式创造了基础条件。首都四个中心城市建设和"一核两翼"京津冀协同发展的战略定位,使朝阳区在服务首都科技园区协同创新工作中发挥着提升城市品质及推进产业升级的支撑作用。作为国家知识产权局的跨省级指导性文件,《知识产权促进京津冀协同发展工作组织实施方案》强调各级行政部门要深刻领会完善区域知识产权管理对促进京津冀科技协同创新的重要性。一方面结合管理实践开展顶层设计,推进各部门的横向协作与纵向联动,建立系统的知识产权管理架构;另一方面加强区域知识产权协同管理意识,充分发挥京津冀三地资源特长,实现相互配合与补给。

　　作为朝阳区最具代表性的文化创意园区,国家文化产业创新实验区 2016 年规模以上文创企业实现收入 1535.7 亿元,约占全区 50%,占全市 11%。实验区内已汇聚《人民日报》、中央电视台、腾讯影业、新浪动漫、途牛旅游等一批知名文化企业,培育出普罗派乐、华韵尚德等一批国家文化出口重点企业,聚集了宣亚国际等 70 家上市文创企业,以及掌阅科技、优客工场、乐视影业等一批"独角兽"企业和九家国家级众创空间。深化科技体制改革,增强技术创新对地区经济的驱动作用,现已成为京津冀抢占新一轮经济增长与技术创新制高点,以及全力建成世界级城市群的关键点。之前,由于京津冀知识产权制度相对宽松,各科技园区一直依靠模仿学习以降低研发成本,尚未建立原创技术优势。加之,各地间知识产权管理分散、互不兼容,致使各地产业缺乏有效衔接,造成京津冀科技园区资源的重复浪费。2015 年习近平总书记指出,疏解北京非首都功能、推进京津冀协同发展是一个巨大的系统工程。通过疏解北京非首都功能,调整经济结构和空间结构,走出一条内涵集约的协同发展新路子,探索出一种人口经济密集地区优化开发模式,促进区域协同创新与协调发展,形成新增长极。事实上,北京在有序疏解非首都功能上取得了显著成效。例如,2015 年发布并修订新增产业禁止清单与限制目录、不予办理工商登记企业累计 1.3 万家、关停污染制造企业 1006 家、清退 228 家低端商场;2022 年推进公共服务资源向外布局、动态完善新增产业禁限目录、实施留白增绿等。以此,向产品专业化与服务精细化的高品质价值链延伸,培育高端新兴产业。

## 一、朝阳文创区现状

　　2015 年《国务院关于新形势下加快知识产权强国建设的若干意

见》为京津冀知识产权协同工作部署指引了方向，即实施知识产权战略，协同创新驱动发展。由此，朝阳区知识产权工作在"十三五"时期取得了又好又快的发展，其科技园区在市场竞争中占据绝对优势。根据《深入实施国家知识产权战略行动计划（2014—2020年）》《深化实施首都知识产权战略行动计划（2015—2020年）》《北京市朝阳区国民经济和社会发展第十三个五年规划纲要》等相关文件，朝阳区还建立了跨区知识产权协同管理机制，以合理统筹资源配置及创新分工，提高了知识产权创造、运用、保护和管理水平，形成有规模的知识产权密集型产业，参与构建了京津冀高精尖创新体系，促进区域产业结构调整、各地增长方式转变与知识产权管理有机结合，强化了科技园区协同创新的知识产权导向，保障了区域经济发展。

（一）北京朝阳知识产权现状

朝阳区全面贯彻落实创新驱动发展战略，深入推进实施知识产权战略纲要，出台了多项促进知识产权保护政策并做到具体实施，也激发首都其他各区进一步健全知识产权工作体系。在京津冀协同发展中，其支撑引领作用也日益显现。在非首都功能疏解、京津冀协同发展、构建新发展格局等国家战略背景下，朝阳区建设并完善了知识产权政策体系、开发知识产权服务平台、保护知识产权监督热线和知识产权文化宣传，提升了其知识产权管理服务水平，并进一步拓宽知识产权创新领域，为京津冀各科技园区增强知识产权保护意识起到示范效应。在探索知识产权协同发展新模式、建立京津冀知识产权协同保护机制、推进线上线下知识产权资源共享等方面，朝阳区也做了诸多贡献并参与区域制度顶层设计，如表4-3所示，符合北京向津冀疏导产业的客观规律，助力于形成京津冀科技园区模块化协同创新环链，并对其他区市的知识产权事业起到经验借鉴作用。当然，在制度执行、平台建设和协同服务的过程中，朝阳区科技园区也遇到了一些不确定性影响因素。同时，在处理跨区知识产权事项和建立京津冀知识产权协同管理体系上，还需更多政府部门共同协商解决来完成。

表4-3 "十二五"期间朝阳区知识产权发展情况

| 积极成果 | 相关数据 |
|---|---|
| 创造能力提升 | 专利申请量65023件，实用新型35057件，外观设计10066件，总计110146件，居全市第2位；企业专利申请量68773件，占比62.4%；PCT申请量5516件，居全市第2位；万人发明拥有量74.1件；获中国专利奖73项，是"十一五"期间的6倍；商标注册量达16.4万余件，获全国驰名商标27个，市著名商标79个 |
| 运用水平提高 | 支持企业转化核心专利236件，带动企业投入3.8亿元，专利产品销售额超50亿元；企业专利转让，许可合同登记达282项，金额308亿元；投入1100余万元资助技术专利标准制定，修订活动300项；中小型科技企业利用知识产权质押融资总额达8.2亿元，占全市26% |
| 管理能力增强 | 建立知识产权联席会议制度；形成知识产权促进与保护"1+8"政策体系；设立了知识产权专项资金；累计培育国家级示范企业5家，优势企业13家，市级专利示范企业28家，试点企业213家；培育区内企事业单位近千名知识产权人才 |
| 服务体系健全 | 设立中国北京朝阳（设计服务业）知识产权快速维权中心；开发完善知识产权公共服务平台；开展优秀中介服务机构评选活动，吸引600余家知识产权服务机构聚集朝阳，其中专利代理机构80余家；开展"服务机构与企业对接""知识产权托管工程""牵手工程"等活动；成立知识产权专家顾问团，年开展企业品牌服务500家次 |
| 维权力度加大 | 建立知识产权举报投诉和维权援助的"1+X"工作体系；开展行政执法活动500余次，检查专利商品10000余件，发现并立案查处假冒专利297件，调解专利纠纷80余件；查办各类商标侵权案件1212件，罚没款金额达2300万元；区法院审结知识产权类案件1.4万件；加强宣传，利用"3·15"国际消费者权益日，"4·26"知识产权宣传周，"12·4"法制宣传日，中国专利周等契机开展宣传活动上千次，受众万余人 |

资料来源：笔者根据《北京市朝阳区"十三五"时期知识产权事业发展规划》的内容整理得出。

2013年朝阳区通过国家知识产权试点城市（城区）验收，进入国家知识产权示范城市创建阶段。2014年中国北京朝阳（设计服务业）知识产权快速维权中心挂牌运营。2015年朝阳区被授予国家知识产权示范城市荣誉称号，是首家直辖市示范城区。虽然朝阳区知识产权工作取得了长足发展，但同时也存在以下不足：一是知识产权政策体系有待完善，缺少与京津冀各地政府间的高层磋商机制，未明确科技园区功能定位和创新分工，在规划制定、扶持政策、项目储备、技术标准上未形成协调统筹制度，与京津冀其他地区在科技人才的就业落户、社会保障、创新激励、创业氛围与职称评价等相关政策上存在明显差异，造成阻碍市场流动的行政壁垒；二是知识产权创新活力仍需激发，专利质量也要提升，知识产权局限于本地而对园区企业创新的支撑度不高，技术交易活动不活跃，成果转化率低与专利运营力弱，未充分配置创新资源，缺少技术创新的金融支持和中介服务；三是区域科技数据共享受限，尚未建立标准化数据服务系统、规范化数据监管体系与智能化分发服务技术等。

在非首都功能疏解下，朝阳区按照国家知识产权示范城市建设要求，从政策实施、平台建设、资源共享、环境优化等方面不断提高治理水平，为支撑京津冀协同创新驱动发展、促进区域经济增长打下坚实基础。一是不断完善知识产权政策体系，制定促进保护"1+8"措施，在专利资助奖励、成果落地、产权质押、贷款贴息、企业贯标、标准修订等方面设立专项经费，并开展了设立试点园区、培育示范企业及认定服务机构等工作，对示范企业、优势园区、重点单位及优秀机构给予资助。二是积极建设开发知识产权服务平台。通过朝阳区科学技术委员会网站、朝阳区知识产权公共信息服务平台发布工作信息、服务资源、项目征集通知以及项目在线申报等。2018 年 4 月，北京朝阳知识产权微平台和知识产权金融生态群平台正式上线①。三是逐步加强知识产权保护力度②，通过开展跨区联合执法、定期执法等形式，加强对各类市场实体的经营检查，定期开展电商专项检查，以及入驻区内重点展会开展执法工作，并深化了中国北京朝阳（设计服务业）知识产权快速维权中心工作③。四是多次开展知识产权文化宣传活动，充分利用知识产权日、消费者权益日、国家安全日、宪法日及专利周等契机进行大力宣传，营造"尊重知识、崇尚创新、诚信守法"的知识

---

① 微平台是通过微信公众号、微博和微信群将知识产权资源聚集共享，为区域创新企业及科技园区提供更全面的资讯服务；金融生态群平台是以企业需求为导向，推动其线上产品及创新资源展示、需求提交受理与线下服务对接的综合平台，为园区企业提供便捷高效、全链条、一站式的融资服务。

② 2016~2018 年，总计查处假冒专利行为 675 件，调解纠纷 136 件。通过 12330 朝阳分中心、文创分中心及 6 家工作站受理举报投诉，开展维权服务。

③ 至 2018 年，中国北京朝阳（设计服务业）知识产权快速维权中心累计提供外观设计专利快速预审服务 2418 件。其中，2126 件专利获得授权。

产权保护氛围①。

### (二) 文创实验区资源及经验

毋庸置疑，凭借朝阳区文创产业优势输入及实验区优秀创新成果落地转化，对京津冀协同创新与发展，推进京津冀科技产业园区构建协同创新环链布局，以及雄安新区"加快文化建设步伐，推动雄安传承创新中华传统文化，建设成为具有世界影响力的文化创意之都"都有着重要的意义。如图4-1所示，至2017年年底国家文化产业创新实验区是以"北京商务中心区（CBD）—定福庄"一带为核心的承载空间，行政区面积78平方公里，实验区注册文化企业37601家，新增注册资本金5000万元以上的有220家，1亿元以上的有72家，园区注册资本金合计213.1亿元，全年规模以上文创企业实现收入1501.9亿元。如表4-4所示，通过旧工业厂房改造利用、传统商业设施升级、有形市场腾退转型、农村产业用地选择等高精尖转型升级方式，先后产生了北京国家广告产业园、莱锦文化创意产业园、北京懋隆文化产业创意园、郎园Vintage文化创意产业园、北京惠通时代广场新址、竞园（北京）图片产业基地、吉里国际艺术区、铜牛电影产业园、北京电影学院东郎电影创意产业园等。2018年实验区已有50余家产业园区（基地），形成了错位协同、融合共进的创新发展格局。

**图4-1 国家文化产业创新实验区核心区**

资料来源：根据国家文化产业创新实验区官方网站的信息介绍整理得出。

---

① 例如，2018年发布《北京市朝阳区中小学知识产权教育工作方案》，培养青少年知识产权意识，以及推荐北京市八十中等五所中小学入选中小学知识产权教育示范学校。

#### 表4-4 国家文化产业创新实验区30家优质资源单位

| 名称 | 主营业务特征与科技创新成果 |
|------|------|
| 人民日报社 | 中国最具权威性、影响力的报社，已发展成为集报刊、网络、印刷、发行、广告、出版、影视等于一体的现代传媒机构。拥有全国先进的采编系统，在全国设有33个分社，在国外7个中心分社，39个分社出版报刊达20多种，包括《环球时报》《国际金融报》等报纸和《人民论坛》《环球人物》《人民文摘》等刊物。拥有下属企事业单位100多家，年发行量近300万份 |
| 中央电视台 | 具备200个节目频道的播出能力，已经形成以电视、互联网、报刊、音像出版等相互支撑的多媒体宣传、广告经营和产业拓展的多元化经营格局，自制节目量约占总播出量的75.31%，使用中、英、法、西班牙、阿拉伯、俄六种语言和粤语、闽南话等方言向国内外播出，内容几乎涵盖了社会生活的各个领域 |
| 北京电视台 | 集电视节目制作、播出、传输和多功能服务于一体，技术系统全面实现数据化、网络化、智能化，具有国际水平的影视传媒基地。中心按15套电视节目制作能力和容量，智能化系统标准设计，规划了大、中、小型演播室13套，配套建设了一个2500平方米开敞无柱空间舞台，同时容纳1200名观众的多功能演播剧场 |
| 凤凰国际传媒中心 | 集电视节目创意、前期制作、后期编辑合成、版权交易、国际交流、展览展示、教育培训于一体的完整的产业链服务平台，为中国电视节目制作企业提供一站式、软硬件齐备的系统化服务，该项目集成了电视节目制作、版权交易、媒体办公、国际交流四大功能，既是典型的电视产业公共服务平台，也是北京市东部中央商务区构筑的华语传媒制高点的重要组成部分 |
| 尚8里文创园 | 尚8里是尚巴文化集团在京的第八个城市创意综合体项目，为入驻企业提供创业辅导、金融投融资、政策解读、公共资源对接、市场对接、知识产权保护、法律咨询、财务、投资路演、交流推介、技术转移、全媒体平台等综合性全方位的服务，倾力打造的创意人士雅集、文化精英会聚、融理念创新与实践创新于一体的新型城市创意综合体 |
| 莱锦文化创意产业园 | 前身为北京第二棉纺织厂改造，2011年9月18日正式投入运营。A区是文化创意产业交流中心和产品展示交易区。B区被改造成为创意服务中心。C区进行头脑风暴、制作创意产品。园区吸引了蓝海电视、东方风行、宣亚集团等170家企业入驻，其中90%以上为文化创意企业（10%为产业配套企业），上市公司有5家，2~3年拟上市公司5~8家，年产值已超过100亿元 |
| 北京国家广告产业园 | 重点打造全国广告产品交易中心、广告产业公共服务中心、广告产业创新发展中心、广告产业人才培养中心和优势广告企业聚集中心五个中心建设。园区已引入中国雅虎、淘宝网、国际广告传媒、引力传媒、联动文化、酷听网、北视英特维等30余家品牌企业入驻，全部为广告、传媒、文化传播等行业总部型或地方总部型企业 |

| 名称 | 主营业务特征与科技创新成果 |
|---|---|
| 华腾世纪总部公园 | 集高科技文化、传媒、网络技术类企业产品研发、生产制作、展示交易等于一体的综合性功能园区。2014年12月北京文博会期间，华腾世纪总部公园举行开园仪式，正式投入使用。园区一期、二期正在招商，已有OTO产业联盟、航美集团、富士通等多家企业正式签约或达成入驻意向，园区三期正在加快建设 |
| 惠通时代广场新址 | 园区以人文主义的功能关怀、现代主义的建筑风格、自然主义的园林意境、历史主义的工业传承为理念，结合文创企业的个性需求，将文化创意产业园区和园林绿化、山水风光有机结合在一起，打造极具特色、品位、影响、效益的大型高端创意产业园区。目前一期已吸引环球购物频道、联合优至文化发展有限公司等一批知名文化企业入驻 |
| 郎园Vintage文化创意产业园 | 利用优势资源打造的具有创意特征的时尚潮流秀场、影视传媒、创意办公、品牌展示等多功能的国际时尚创意狩猎区。园区优越的区位优势和优质的公共服务已吸引凤凰网、CCTV记者站、果壳网、穷游网、丽贝亚设计研究院、尚品网、无线星空音乐、种子音乐、金牌大风、陈可辛工作室、天下玉家、稀奇艺术、非洲符号、彩云鸣翠、ANS设计事务所等国内外70多家文创产业知名企业入驻 |
| 吉里国际艺术区 | 已吸引知名艺术家工作室、影视制作、新媒体等50余家企业和机构入驻。如著名艺术大师吴大羽、张光宇的纪念馆，著名旅法油画家王衍成工作室，山东影视传媒集团，知名设计机构丽贝亚，已获风投资金的大卫山男装，全国第一家室内滑雪馆，欧洲古典钢琴展示厅，中国团餐20强的美顿美食，京津冀一体化的智能交通的研发机构，致力融合太极运动五大门派的基地等纷纷入驻园区 |
| 铜牛电影产业园 | 园区以旧厂区原有建筑为主体，结合大工业风格改造更新，更符合电影人创意办公的特点，园区将打造成为电影产业一站式服务的全产业链电影产业集群。园区已吸引东海电影集团、盛视云图、编剧帮等企业入驻办公，入驻企业涵盖了电影产业链上下游包括策划、投资、制作及发行等在内的各个环节 |
| 北京电影学院影视文化创新园 | 形成从资本注入、前期创意、筹拍融资、内外景选取及摄制、后期制作、展示传播、发行放映到影视衍生品研发等覆盖影视全产业链，以集中办公板块、创客空间板块、摄影棚集群板块、配套综合服务板块为核心，融娱乐圈、工作圈、生活圈、社交圈为一体的模式，辅助以四大配套服务体系，全力打造国际一流的影视文化创意园区。已入驻影视文化企业30余家 |
| 竞园（北京）图片产业基地 | 前身为北京供销社棉麻仓库，2007年4月进行改造，2008年6月完成改造并投入使用，融拍摄制作、图片交易、展览展示、创意设计、行业培训、版权保护、行业标准制定与发布为一体的文化创意产业集聚区。目前容纳了各类文化创意企业100家，骨干企业20家，如全球最大的图片库美国的GETTY IMGES、法国的GAME IMAGES，以及中国的全景视觉等国际国内知名骨干企业 |

续表

| 名称 | 主营业务特征与科技创新成果 |
|------|------------------|
| 718 传媒文化创意园区 | 入驻文化企业 60 余家。逐步形成影视音乐、出版、演员经济产业链，广告、服装设计、摄影产业链，三维、动漫、游戏产业链，高端网络科技平台及购物平台产业链等。目前入驻的重点企业有毛戈平形象艺术学校、环球瑞都、THE-ONE 壹空间互动剧场、央视主持人沙龙春暖基金、凤凰传奇、吉祥三宝、火烈鸟等知名音乐公司，传媒大学视友网、中国大学电视台联盟及中国佳品网等 |
| ideapark 铭基国际创意公园 | 通过打造开放式空间，为多元化、个性化的创意设计企业提供良好的办公空间，已入驻文化企业 40 余家。园区携手国贸物业酒店管理有限公司，提供超凡卓越的物业服务，为入驻机构的全程舒心体验保驾护航。2014 年 9 月正式开园，打造一系列设计产业交流与交易的公共平台，为园区的机构提供文化增值服务、管理增值服务以及交易增值服务 |
| 北京东亿国际传媒产业园 | 通过构筑电视栏目制作、3D 影视后期制作、品牌推广与传播、创意企业孵化、传媒教育人才培养的五大服务平台，为入园传媒企业营造了良好的创新、创业发展环境。园区吸引了中国传媒大学孵化器、旅游卫视等文化传媒领域内的 65 家精英企事业单位入驻，带动传媒文化创意领域内多种产业的功能集聚，打造了涵盖创意、生产、经营、流通全过程的文化传媒产业链 |
| 自空间 CBD 写字园 | 位于朝阳区高碑店西店 610 号，前身是 20 世纪 70 年代建成首旅集团的老旧仓库。园区占地面积 2.7 万平方米，建筑面积 2.6 万平方米。园区打造更多惠及创业者和创意者的服务内容，形成线上线下的良性互动，达到上下游企业的无缝衔接，实现园区内产业链系统的互动与良性循环。园区已正式投入使用，并吸引北大资源、娱加娱乐、财富恒天等企业入驻 |
| 北京懋隆文化产业创意园 | 由老旧仓库转型改建的文化创意产业园区，共划分为中国传统工艺品展区、时尚工艺品研发设计创意园区和特色品牌商品消费集聚区三个功能区，打造成集创意、设计、展示、交易、交流于一体的中国高端艺术品产业园。园区于 2012 年 12 月正式开园，已有北京佳美丽家陶瓷、山东硅元新型材料、北京华映星球国际文化、北京博观经典艺术品、北京众创国际展览等文创企业入驻 |
| 北京塞隆国际文化创意园 | 前身为原北京胜利建材水泥库，借助首农与中电传媒两大国企的优势资源，围绕"互联网+"打造集文化、科技、旅游、新媒体、新能源等业态于一体的北京塞隆文化生态圈，建立集中小企业孵化器、众创空间、文化投融资服务等为主要内容的一站式互联网文化服务平台，运用互联网金融作为融资手段，为创业者提供更多创投服务 |
| 北京广播大厦 | 集写字楼、商务酒店、餐饮、会议中心和数字演播制作于一体，基地拥有 1300 平方米、600 平方米、400 平方米和 230 平方米四个专业广播电视节目演播室，为专业媒体客户和特殊需求客户提供专业场地、设备设施和服务，主要完成电视音乐录制、电视讲座、大型综艺晚会、大型庆典活动、新品发布会、专业论坛和时装秀等节目的录制和直播 |

续表

| 名称 | 主营业务特征与科技创新成果 |
|---|---|
| 万东国际文化创意产业园 | 位于朝阳区三间房南里7号院,由1955年建厂的北京万东医疗装备公司三间房厂区改造而成,占地面积7.5万平方米,建筑面积7.5万平方米。园区将打造形式多变、设计灵动的办公空间,依托周边高校及传媒企业聚集优势,引入文化传媒、影视创意类企业,创建综艺节目生产基地,形成完整产业链 |
| 齿轮场品牌创业文化园 | 按照全市非首都功能疏解和京津冀协同发展战略要求,北汽集团提前谋划、主动作为,加强与河北地区的资源对接和产业联动,将生产环节全部外迁到河北黄骅,正在对保留的厂房进行改造,即将建成集传媒影视、创客空间、时尚秀场、时尚办公等于一体的全要素、多功能品牌文化创意产业园 |
| 华膳园国际传媒文化产业园 | 园区位于东四和东五环之间,交通便利,占地面积5.3万平方米,建筑面积4.3万平方米,重点吸引文化传媒、影视、互联网等高端文化企业入驻。园区为中式园林的布局,遍布稀有的树种,呈现现代元素与古典建筑的融合,每一款户型设计都是独门独户,虽门户独立,却户户面向花园、水系,让日常办公环境变得生动、富有创意氛围 |
| 朝阳传媒影视技术服务中心 | 以先进的传媒技术服务和良好的产业孵化功能,吸引各类文化传媒企业和影视、动漫企业入驻;以培养高水平复合型的文化传媒和影视动漫专业人才为目标,为各类文化传媒企业和影视动漫企业的高管和业务骨干提供全方位的人才培训;与知名企业合作构建影视动漫产品研发、制作、播出、节目交易、衍生产品开发和人才培训的大产业平台,最终形成文化传媒与动漫产业化的大商业运作模式 |
| 国家级瀚海科技孵化器 | 已累计孵化近百家文化创意类企业,提供信息咨询、投融资服务、技术检测服务、法务咨询、税务代理、人才招聘等,努力建立完整的文化创意企业孵化链。2011年被认定为北京市高新技术产业专业孵化基地,国家级科技企业孵化器。2012年被纳入首批北京市级中小企业窗口服务平台,成为北京市朝阳区高新技术企业和文化创意企业孵化领域的一支重要的生力军 |
| 北京CBD国际传媒产业园 | 园区内集聚了100多家世界500强企业,汇集了60%以上的境外驻京代表机构,80%以上的驻京海外新闻机构,进入中国的167家国际新闻机构聚集于此,其中包括CNN、VOA、BBC,维亚康姆、美国《华尔街日报》等著名国际传媒机构。《人民日报》、《北京青年报》、中央电视台、北京电视台、香港凤凰卫视等均坐落在CBD及周边地区 |
| 工体娱乐圈 | 已初步构建出一个以体育场馆经营为龙头的体育产业链,成为朝阳区体育及文化创意产业的集聚区,汇聚了工体100、糖果俱乐部、水牛石、富国海底世界、光彩国际公寓等知名休闲娱乐场所,逐渐形成一个以工体为中心,集运动、文化、休闲、娱乐、餐饮、旅游、商业等于一体的工体乐动区(Sports Walk),是一个充满辉煌与梦想的地方,是世界体育文化荟萃的圣地 |

续表

| 名称 | 主营业务特征与科技创新成果 |
|------|---------------------------|
| 爱工场文化创意产业园 | 原北京市京棉集团厂车间，是以吸引文化传媒类企业，并为企业搭建一系列孵化、金融、交流、推介的园区，2013 年公司启动了百园计划，连锁运营的发展规划，将逐步通过对诸多老旧工厂厂房进行改造再利用，转型发展文化创意产业，未来力争打造 100 个连锁式文化创意产业园区。建筑面积 2000 平方米，入驻企业 5 家，培训公司占比 80% |
| 半壁店 1 号文化产业园 | 致力于打造成为集影视、媒体、广告、设计等文化科技于一体的新型文化产业园区。在产业园集群发展（空间+平台+资本）的运营模式基础上进行改造运营，其空间规划设计凸显自然生态和人文生态的特征及肌理，并设有孵化器、展厅、餐饮、文化体验等服务配套空间，吸引上百家企业及创业人士入驻，打造影视传媒与多产业的融合发展，营造健康、有序的产业生态 |

资料来源：笔者根据研究文献整理得出。

实验区建设有以下先进的发展经验。一是先行先试，将实验区作为扩大开放综合服务业试点，允许外商独资设立演出经纪机构；依托红庄国际文化保税创新园，为园区企业提供产品展览、进出口报批、评估担保等全流程服务；设立实验区发展引导资金，对各级政府认定的创新创业平台、公共创新平台及创意协同中心予以重点支持；与北京股权交易中心战略合作，共建文创四板；通过实验区发展论坛、中国网博会、北京文博会等精准服务促发展活动来提升影响力。二是整合资源，实验区利用《人民日报》、央视、北京卫视、传媒大学等文化资源，打造"CBD—定福庄"两核文创区，吸引了腾讯影业、京视传媒等企业落地；将机械纺织、化工冶金等老旧厂房改造为朝阳规划艺术馆、国安创客孵化器及朗园文化创意产业园等科技园区，打造集产业配套、工业文化与众创空间于一体的艺术街区；组建京津冀文化产业园区联盟，与天津国家动漫产业综合示范园战略合作，与中国文化产业协会共建京津冀文化产业协同发展中心。三是搭建平台，依托知识产权快速维权中心，推动授权时间缩短为十天；设立了 CBD、双桥两个企业登记服务站，就近办理工商业务；发起全国首家文化企业信用促进会，整合信用评级、融资担保、信贷贴息等各环节；实施蜂鸟计划，通过信用奖惩、快捷担保、贷款审批等机制创新，支持一批优质园区企业发展；落户国家版权监测中心、国家版权创新基地、北京文创产业知识产权保护服务分中心、北京文化产权交易中心影视产权交易平台、北京版权保护中心等。

结合区域具体实际，朝阳区各级政府不断拓展工作思路，创新工作方法，探索构建优化科技园区知识产权跨区协同管理机制。一是探索知识产权协同发展新模式，加强区域知识产权资源分布、成果导航、专利预警、产业布局、项目评议等方面的政策推进，以全面了解各地专利资源和研发方向，加快产业结构转型升级。二是探索建立区域协同保护机制，深化中国北京朝阳（设计服务业）知识产权快速维权中心建设，并推动升级为国家重点产业知识产权保护中心。针对侵害知识产权违法行为的新特点，依托北京知识产权十省市执法协作体系，推动跨区部门联合执法，加强重点区域、园区展会、电商平台等检查力度，营造良好的知识产权环境。三是推进线上线下知识产权协同共享，拓展并完善区域知识产权微平台功能，利用移动互联网、大数据等前沿技术，及时高效地实现创新资源集聚共享，进一步完善知识产权金融生态群平台，开发手机端应用，对接中关村知识产权投融资服务联盟，汇集园区利益相关方，通过政策引导、专业服务与市场运作，有效达成数据共享和资源整合，为园区企业提供便捷优质的知识产权服务。

## 二、日韩首都圈协同

如表4-5所示，2008年世界经济危机使日本、韩国抓紧推出新一轮基于知识产权的科技协同创新及间断技术产业化举措。例如，2013年日本综合科学技术会议通过《科学技术创新综合战略》、2014年日本内阁决议通过《日本再兴战略》、2013年韩国改组原科技产业管理部为未来创造科学部等。两国均以首都都市圈为科技园区集聚龙头，凭借雄厚的研发实力与综合的政策优势，通过跨行政区的资源流动与功能协作，形成首都科技园区协同创新圈层，驱动区域经济再次增长。不仅有效缓解非首都功能过度积压带来的城市病，而且能充分发挥首都优势科技资源辐射配置效能，带动其周边区域产业协同升级，形成巨大的经济增长势能。

表4-5 日韩首都圈科技资源基础及技术协同创新政策

| | 东京都市圈 | 首尔都市圈 |
|---|---|---|
| 所辖区划 | 东京都、埼玉、千叶、神奈川、群马、枥木、茨城和山梨等一都七县36884平方公里；2012年总人口约4348万人，地区生产总值270万亿日元，占GDP的42.2% | 首尔特别市、仁川直辖市、京畿道行政区及其下属的64个次级地方行政区1818平方公里；2012年总人口约2470.6万人，地区生产总值为615.3万亿韩元，占全国49% |
| 科技基础 | 强调产学研结合；255所大学，176所研究生院；499家研发机构，占全国的1/3，学生数占日本的44%；多摩和筑波集聚高校院所和高技术产业形成科学城；5个国家顶级研究所 | 民营主办高等教育，注重基础和终身职业教育；2012年研发支出占GDP的6%，占全国的67.3%，大学专利转化率达17.6%；7个尖端科研园，17个优秀科研中心，28家优秀工学研究中心 |
| 规划内容 | 1976~1985：改变科研集中于东京市的一极中心态势，促进郊区产业发展和人口回流；1986~1999：进一步强化东京中心区及首都圈的国际研发承接职能和高层次中枢管理职能，推行以东京中型城市为次中心（首都副中心）的多功能集聚，强化东京与周边地区关系；1999~2015：从广域合作角度考虑东京与周边县县域关系，以国家科研任务分担和项目协作为原则，分散科技资源，由周边县承接非首都城市功能，并积极构建工作和居住相平衡的地域结构 | 1984~1996：颁布《首都圈整备计划法》，分散首都圈内核心功能，引导城市国土均衡利用，形成多极核心广域的大都市生活圈；1997~2005：出台《首都圈整备计划修正法》，促进首尔都市圈有秩序合理配置及完善区域生活圈自给自足功能提升，构筑全球化首都圈，确保舒适便利的城市生活环境和良好的人文环境；2006~2020：第四次国土综合计划修订，建设多功能可持续发展的公共机构，与周边城市共谋发展，人口稳定化，构建具备城市特色的产业群带，实行中央政府与地方自治团体合作管理体制，以打造东北亚最具创新竞争力的城市群 |
| 协同政策 | 2008：地方协创计划、低碳社会行动计划、中小企业技术革新计划、绿色地球能源创新计划；2009：最尖端研发计划、新经济增长战略、战略性技术支援计划、信息发光计划；2010：光辉日本新成长战略、节能危机对策、经济危机对策；2011：问题解决服务科研计划；2013：第四期基本科技计划、世界顶级研究基地计划、科技重点行动计划 | 2008：科技发展规划；2009：第三次技术转移与产业化促进计划、农业科技中长期研发计划、绿色发展五年计划、物联通信基础设施建设；2010：未来产业领先技术开发计划、新再生能源产业发展战略、稀有金属扩充方案、海外资源开发事业战略；2011：新增长动力招商引资路线图、国家减排计划、信息通信产业振兴计划、国家融合技术发展基本计划；2012：大数据中心战略计划；2013：软件中心战略计划；2014：第五次国家信息化基本计划 |

续表

| | 东京都市圈 | 首尔都市圈 |
|---|---|---|
| 战略布局 | 多摩承接高校院所和高科技产业，八王子市为大学城；立川市承接商务商业职能；青梅市承接国际企业研发职能；神奈川县成为工业聚集地和国际港湾；横滨市承接国际交流和物流配送职能；川崎市承接工业生产制造研发职能；厚木市承担高技术产业研发与教育职能；40%的钢铁和金属制造业研发和50%的信息服务业创新集中在东京；筑波成为科技研发中心城市 | 数字网络、生物科技、金融创新集中于首尔科技园区；物流管网、自动化制造、机械加工、信息通信集中于仁川松岛科技园区；信息网络、生物科技、数字内容、物流配送集中于京畿科技园区；电信网络、生物科技、数码产业集中于京畿大真科技园区；首尔—仁川承接国际交流中心功能，数字产业集中于京畿首都圈产业带功能；坡州—抱川成为田园城市及旅游带；鞍山—牙山湾承接首都圈产业带功能，利川—加平承接首都圈南北交流和经济合作据点；利川—加平形成自供型田园城市及旅游带 |
| 投入力度 | 2008：1156亿政府预算投资新能源研发，56.8亿推广环保节能产品，400亿特定补助中小企业技术革新；2009：30亿开展蓄电池革新研究，65.1亿支持衍生创新研究，26亿支持女性科研；2010：7.7亿资助无氟空调创新，74亿资助节能技术研发，7亿资助新一代热泵系统研发；2012：500亿补贴BEMS楼宇能源节能系统，145亿补贴清洁能源汽车；2013：1000亿政府预算资助首席研究员，450亿预算用于灾后复兴，1023亿预算用于绿色科技创新，517亿预算用于生命科技创新，67.63亿预算用于基础性计算研发，30.83亿预算用于战略性推进海洋资源调查，276亿预算用于宇宙先进技术开发，164.16亿预算用于光和量子科学研究，35.67亿预算尖端计量分析技术（单位：日元） | 2009：3.3万亿预算投资开发资源循环型有机农业并建立自动化动植物工厂，900亿投资可再生能源；2010：政府科技研发投入预算增长10.3%，基础研究投入占比31.3%，350亿专项基金投资研发绿色环保技术企业，7000亿投入环保运输系统，IT复合项目芯片、智能电网、高效薄膜太阳能电池及天然新药，4.5万亿投入可再生能源设备扩充及研发；2011：14.874万亿政府研发预算，9128亿研发投入信息通信振兴基金，346亿投资超级计算机，212.5亿研发硅纳米光子原创技术，1.8万亿推动融合技术发展，300亿支援企业开拓海外机器人市场，4万亿渔业现代化，3万亿畜业现代化，6000亿果树设施现代化，5000亿园艺设施；2014：500亿投入物联网技术；2015：40万亿投资新再生能源（单位：韩元） |

资料来源：针对韩国国家统计局、日本总务省统计局统计数据，以及2008年金融危机后日韩技术创新政策整理而成。

（一）东京政府规划主导的协同创新

如图 4-2 所示，东京都市圈科技园区协同创新，以政府战略计划和扶植政策为主导。一是 2001 年经济产业省制订并实施的产业集群创新计划，即东京局负责选定创新推进机构（有跨区资源调动能力的财团法人、园区龙头及产业链主），再由其选定实施科技园区项目的核心单位，作为官产学研创新网络节点，受促建广域创业支援合作网补助金和委托费的资助，推进园区内置项目协调员，通过走访联系、举办探讨会等产学研活动，与合作企业、高校院所、政府部门、商会社团建立科技园区智库网络。二是 2002 年文部科学省的知识集群创造计划，即由东京科技施政推进委员会以东京区国立高校院所为核心，设立知识园区（集群）本部，并决策及指挥园区计划的实施，促进与研发型园区企业合作。项目设置专业的科技协调员和代办顾问，组织园区企业成立新产品营销小组。利用大学研发中心设施并结合市场需求开展产学研合作，以催生新技术种子项目。两集群计划实施主体与执行路径虽有不同，但往往互有交叉且统筹运作。

2004 年日本综合科技会议决定将涉及东京都市圈科技园区治理的内阁府、经济产业省、文部科学省、国土交通省、农林水产省、厚生劳动省、环境省与总务省等八部门各自制定的 17 个首都科技计划归纳成联合措施群，并纳入综合科技会议进行协调管理。以此消除首都各政府部门管理分割与施政散乱等弊端，排除非必要的重复投资，统筹首都科技园区资源配置，打造分工明确的东京创新合作网，形成有所侧重的科技园区创新合力。2008 年日本制定《依靠科技增强地方活力战略》并强调，在继续推进已有创新计划的基础上，全面规划布置首都科技园区人才管理、金融运行体制与产学研机制等方面的协同创新工作。2009 年成立全国创新推进机构网络，即由文部科学省下属的日本科技振兴机构以及经济产业省下属的中小企业基盘整备机构、产业技术综合研究所、日本贸易振兴会和日本立地中心等单位担任网络干事，为东京科技园区协同创新提供一站式服务。

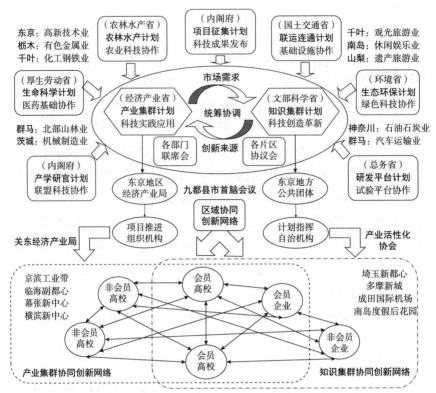

**图 4-2　基于科技联合政策驱动的东京都市圈协同创新模式**

资料来源：根据东京都市圈的相关研究文献整理得出。

## (二) 首尔财阀联盟驱动的协同创新

虽然韩国光州、全州等地建成七个尖端科技研究园，在首尔大学、全北大学等高校成立了 17 家科研中心和 28 家工学研究中心，但与东京不同，国立高校院所在首尔都市圈科技园区协同创新体系中的重要性不强，并未围绕其形成创新集群。反而，三星、LG、现代等韩国财阀成为首都科技园区协同创新的核心，如图 4-3 所示。以忠清南道的大德科技园为例，1973 年韩国政府将航空宇宙研究所、生命科学研究所、标准科学研究所、能源研究所、地质资源研究所、国家科技研究院从首尔移至大德城，与忠南大学、大德大学等合建为大德科技园区，试图凭借高校院所科创资源集聚，形成科技园区的创新氛围，创立或吸引大量衍生企业就近落户。至 1998 年亚洲金融危机前，大德尚未有专属的风投基金（2009 年接收风投全国占比 5%），发展潜力仍受财阀限制。园区创业企业因信贷规避、人才匮乏等而沦为财阀附庸。另外，大德科技园区也未形成强大的协同创新网络，缺少商业营销、中介咨询等产业集群必需的服务条件。

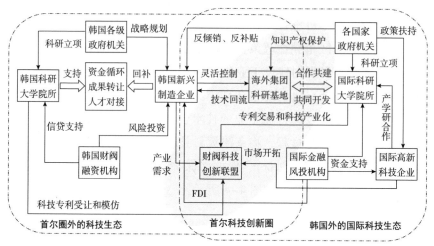

**图 4-3 基于财阀科技联盟驱动的首尔都市圈协同创新模式**

资料来源：根据首尔都市圈的相关研究文献整理得出。

虽然中小科技企业的创新作用不断提高，但因韩国财阀主导首都经济发展结构，首都科技园区创新趋势并未改变。除强调应用型科研外，首尔科技园区协同创新政策还要求有知识扩散与科技转让，更关注成果商业化、创业型融资及创新服务中介的发展。总部位于首尔都市圈的三星集团构建科技园区创新联盟，整合区域资源要素，带动园区协同创新。同时，创新联盟作为知识沟通、资本流动、人才培养的重要平台，将海内外科研院所、政府部门、分支企业串联为嵌套型的科技园区生态。遵循科技成果的"非专属性转让"模式，各方积极合作并公开研发内容，承认研发人员与成果绑定转移原则，间接获得大批熟知技术研发、专利法务、转化落地的科技人才。另外，园区资金来源以政府立项为主，以金融风投基金、产学研集资为辅。当各方异质性专利公允转让且合理匹配后，园区研发经费就能实现自由循环流动及持续拓展存蓄。

## 三、跨园区协同创新

作为建设创新型区域统领地区产业升级，推动知识经济发展的基础手段，京津冀科技园区协同创新与知识产权统筹管理是复杂的区域活动体系。其中，京津冀各地政府部门是在统筹园区协同创新、搭建技术联盟过程中不可忽视的强导向型参与主体。通过成立联席工作领导小组或制定跨区指导性政策，规范基于知识产权管理的园区协同创新活动。不仅可以规划建设工业集聚区和引导产业布局创造良好的基础设施平台，还能有效调度整合京津冀科技园区创新资源，显著提升跨区域上下游产业及同行业企业的技术创新合作。于是，基于知识产权创造的纵向发展全过程，将京津冀科技园区协同创新与知识产权管理分为开发（创造产生创新）、保护（保护规范创新）、运营（转移扩散创新）等三个子系统，如图4-4所示。

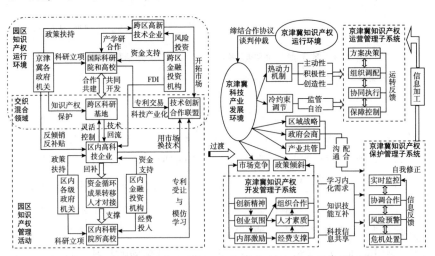

**图4-4 京津冀科技园区的跨区知识产权管理活动及协同系统**

资料来源：笔者根据相关文献整理得出。

### (一) 创新系统

第一是开发协同管理，即围绕文创实验区搭建跨区知识产权开发协同联动平台与人才信息共享机制，共同围绕重点高科技产业开展专项信息分析和专利攻关合作；深入开展京津冀专利资源布局分析及重点产业导航研究，掌握区域重点产业的专利申请授权、转让许可，以及专利密集度和活跃度等情况，研究重点产业优势技术产业链和产业布局，为区域经济发展规划制定、产业发展等提供科学依据；实行各园区的跨区知识产权协同开发全过程管理和目标评估制度，推动建立重大经济、科技活动知识产权评议制度，对重大科技项目、人才引进项目和高技术领域重大投资项目等开展知识产权评议；探索新媒体下版权开发模式，构建虚拟版权保护的绿色通道；进一步贯彻并不断优化跨区合作专利奖励及资助政策，坚持数量布局、质量取胜，加大对发明专利及优秀获奖专利的支持力度；鼓励高校院所将专利量化到研发工作的评价考核中，鼓励开展联合创新；鼓励园区建立健全专利激励机制，开展国际合作研发、申请国际专利，深化园区企业"走出去"，培育一批专利百件企业；推动国家《企业知识产权管理规范》在京津冀科技园区中贯彻实施，标准化知识产权服务。

第二是保护协同管理，即修订文创实验区知识产权促进与保护相关政策，完善专利质押、成果转化、知识产权服务资助等内容；发挥跨区知识产权管理联席会的牵头作用，强化各地政府间的沟通交流，完善信息交换、情况通报等制度，定期发布京津冀科技园区知识产权发展报告；深化中国北京朝阳（设计服务业）知识产权快速维权中心建设，充分发挥快速预审、确权、维权等职能，为园区设计企业提供各类知识产权服务；初步设计侵权纠纷异地调解体系，加强跨区公检法的行刑衔接，推动在立案协作、委托取证、联合执法、案件移送等方面的跨区合作；建立京津冀知识产权举报投诉跨区转办调解及统筹新闻发布机制；统一京津冀各地知识产权管理标准，推行跨区异地行政执法检查常态化协作；修订《北京市朝阳区专利中介服务机构资助办法》（朝知文〔2010〕5号），支持各地服务机构跨区开展专利信息分析利用、数据咨询、诉讼维权、教育培训等，开展专业服务机构的认定与资助；落实《北京市专利保护和促进条例》，加大文创实验区与相关部门的沟通，强化联合执法，完善重大案件的协调和衔接制度；

加强重点行业知识产权预警分析，建立行业预警机制，合作应对国内外知识产权纠纷；做好知识产权保护日及专利周的宣传活动。

第三是运营协同管理，即充分利用朝阳区国际化资源丰富的优势，搭建国际合作平台，组织国际交流活动；引导科技园区企业开展海外专利预警分析，熟悉东道国知识产权规则，明晰行业技术发展态势，开展专利国际化布局；突出科技园区在商标战略实施中的主体地位，提升园区企业商标自有意识和规范运用能力；建立京津冀科技园区跨省市区专利交易市场，形成信息共享、标准统一的服务体系；鼓励各园区各类中介基金投资专利服务机构，尽快实现科技园区知识产权商业模式创新；搭建专利展示平台，鼓励科技园区开展专利转让许可以及专利拍卖等新形式；鼓励园区企业进行知识产权资本化运营，通过将专利作价入股再投资及并购等资本化方式实现其价值转化；落实《"十四五"推动高质量发展的国家标准体系建设规划》要求，支持京津冀科技园区的优势企业参与国际专利管理标准的制定与修订工作，推进理论、专利与标准的国内外同步相向创新发展；鼓励京津冀科技园区紧跟产业前沿，运用重点产业知识产权运营基金及专利证券化等新模式，深度开发专利技术并扩大产业化规模，形成具有各园区特色的强竞争力产品。

（二）对策建议

结合京津冀经济发展现状与产业升级目标，各地政府有必要参考日韩都市圈科技园区协同创新布局。通过自上而下（指导区域协同的国家科技政策、引导园区协同的区域创新规划、鼓励机构协同的园区优惠措施、激发资源耦合的企业战略协议）的制度协同和自下而上（企业层面的资源交互耦合、园区层面的机构联动创新、区域层面的园区发展协调）的市场协同，设计京津冀科技园区的跨区知识产权协同管理机制。由此，提出继续深入推进京津冀科技园区跨区模块化协同创新的对策建议。

一是统筹成立京津冀科技园区协同创新工作领导小组和知识产权协同发展战略联席会。通过建立京津冀各地政府综合协商机制，落实各部门责任，共同研制重大政策、协调重大问题，做好规划编制、方案实施与招商选资等重要工作；与国家有关部委接应，争取将京津冀科技园区重点项目纳入国家专项支持范围；推动重点扶持有重大专利成果的园区企业享受税收优惠，落实专利交易退税、抵免减免税、延期纳税，深入推进京津冀科技园区产学研用相结合；促成京津冀科技园区跨区建立工商质检、安全认证等外向型部门联动机制，推行跨区知识产权开发保护运营的统一标准体系，减少不必要审批；建立科技园区跨区知识产权保护的中介服务机构，搭建及时提供各地法律法规、市场需求、投资环境、税收补贴、劳工资源等大数据咨询的服务平台；各园区联合开办科技成果展示会，采取新媒体手段宣传发布重大科研合作招标项目。

二是创新京津冀科技园区知识产权跨区合作项目的奖惩及融资管理体制。不断完善并定期报备各园区重点科技专利项目库；与央企对接合作，带动园区重大科技攻关项目落地；建立科技园区跨区重大知识产权转化项目进度考核制，每年表彰先进集体及个人；设立或补充园区创业创新风投引导基金，对进驻科技产业示范区的企业专利申报进行合规补贴；发挥财政杠杆对市场开拓、营销渠道、平台建设、人才培养等园区投资的撬动作用；构建京津冀科技园区高端创新人才发展平台，与国外人才评价体系接轨，创新聘任薪酬方式，搭建国际高端人才交流平台；制定京津冀科技园区留学回国人员的落户优惠政策，与境外华侨社团合作，协助园区企业引进海外人才；引导京津冀高校院所联合举办驻外实习工作，适时选派科技类企事业单位青年海外挂职；鼓励科技园区企业建立内部知识产权人才绩效评价和激励机制，切实保障科技人才的创新收益，培养具有协同创新综合能力的园区领军人才。

# 第五章
# 双循环综合型协同创新生态网络模式

在《〈政治经济学批判〉导言》中详细阐述"生产表现为起点，消费表现为终点，分配和交换表现为中间环节"①，才能保持经济持续畅通循环。相对资本主义生产资料私有制与社会化大生产的矛盾而言，社会主义经济能"使生产、占有和交换的方式同生产资料的社会性相适应"②，正是京津冀科技园区利用国内国外资源动态良性双循环协同创新的根本条件。2010 年制造业国际化速度减缓，甚至出现逆全球化。一是新科技革命使部分传统产业分工已到极限。各类工业品集成构造就决定了其生产会被解构为不同环节是有固定数量限制的，而且专利保护使其被分散到多国加工也有了限度③。越过分工边界，专业化收益会下降且交易成本上升。若再深度细分，则会有技术溢出风险。在技术和产品的架构没有根本改变前，很难设想如同以往继续推进全球分工的细化深化。二是各国努力将全球产业链向国内收敛，虽然许多国家仅能有限接纳国际分工，但随着国内技术提升和人才积累，开始力争延伸产业链，以构建完整可控的生产能力。即多国提出产业回归和再工业化政策，目的是加速撤回全球产业中的海外投资，推进离岸生产转回到国内制造。三是智能自动化技术使劳动密集型制造业转变为技术资本密集型，弱化了高成本劳动力的制约力度。

在发达国家推进对华科技"脱钩"及贸易保护主义等逆全球化政

① 《政治经济学批判》导言［M］//中共中央马克思恩格斯列宁斯大林著作编译局. 马克思恩格斯选集（第 2 卷）. 北京：人民出版社，2012：689.

② 反杜林论［M］//中共中央马克思恩格斯列宁斯大林著作编译局. 马克思恩格斯全集（第 26 卷）. 北京：人民出版社，2014：296.

③ 例如，汽车业分解到产业链上的海外零件已超 100 种，涉及国家已超 17 个。

策的情况下，凭借我国构建新发展格局，京津冀科技园区可加快提升协同创新能力并培育非对称竞争优势。既要保持独立自主，又要对外多边开放，兼顾创新赶超与合作共赢的双重战略。在全球价值链中，既要防止被边缘化，又要避免沦为附庸。当前，京津冀科技园区要以非对称竞争创新为导向，利用好国内国外创新资源循环格局，持续开展自主技术协同创新。在供给侧结构性改革与扩大内需相互促进的基础上，更好地形成安全稳定、自主可控的产业链供应链。此外，提升京津冀科技园区协同创新能力，也要与国际产业链调整和世界贸易形势变化相适配。发挥京津冀科技园区协同创新的各地政府统筹优势和社会主义体制优势。一是在通用共性技术研究和价值链高端突破以及其资源投入能力和自主创新意愿上，有国家战略引导优势。在联合制造、规模投资和组织生产上，有区域资源整合优势。在应对潜在创新风险和攻关关键核心技术上，有各地财政保障优势。二是各园区协同创新能够体现集中力量办大事的体制优势，掌握着京津冀大量的创新资源，从服务于向科学进军到科学技术是第一生产力、科教兴国战略及建设创新型国家，再到创新驱动发展等国家战略实施上，京津冀科技园区都发挥着关键的主力军作用。

# 第一节　统筹国内外资源循环

习近平总书记强调"实施创新驱动发展战略，最根本的是要增强自主创新能力，最紧迫的是要破除体制机制障碍"[①]。其中两个"最"是京津冀科技园区协同创新的主要问题。一旦被解决，就可带动未来发展。所以，其首要任务和根本动力在于不断提高自主技术协同创新。通过统筹并加速国内国际创新资源循环，增强京津冀各园区协同创新

---

① 习近平. 在中国科学院第十七次院士大会、中国工程院第十二次院士大会上的讲话 (2014年6月9日). [M]//中共中央文献研究室. 习近平关于科技创新论述摘编. 北京：中央文献出版社，2016：16.

能力,创建安全稳定、自主可控的区域产业链供应链,带动从跟跑并跑到领跑的跨越式发展。另外,还要着力破除传统落后体制,理顺旧有资源配置机制,打破各利益集团藩篱。目前,京津冀创新资源实际分布不均匀不平衡,各地政府都会为增进当地创新力和区域竞争力而设立各类项目基金支持协同创新①。但很多时候存在地方保护及深层次利益矛盾,会对跨区资金转移或人才流动设置制度性障碍。例如,京津冀科技园区协同创新争取做到弥补差距、互帮互助和共同发展,但同时也涉及政府职能转变或人事管理调整,需勇气智慧打破利益固化。又如,构建国内统一大市场,加快国内国际创新资源循环,需对京津冀科技园区坚持竞争中立原则,以使国内外各类企业平等竞争,但也会取消各园区现有财政补贴、税收减免及行业准入等优惠政策,需有决心魄力改革园区运行体制。再如,以新发展理念为指导,京津冀产业转型升级需淘汰高污染高耗能的过剩落后产能,但会影响到地方财政建设和居民收入就业,需开阔前瞻视野,以突破陈旧观念。

所以,要能尽快扫除或摒弃体制机制弊病,促使国内国际资源循环增速,就自然会推进京津冀科技园区协同创新能力提升,以驱动区域经济高质量可持续发展。当然,其政治前提都是坚持中国共产党的领导,并都要坚定不移走中国特色自主创新道路。各科技园区既要重视发挥国内超大规模市场优势,又要充分利用国际技术人才创新资源,聚焦于核心技术和关键部件,敢于并善于科技协同创新。同时,也要看到各地政府在引导园区协同创新中的突出作用。各级政府应做好统筹国内国际资源并营建良好创新环境,使各类创新资源愿意来且留得住,从而激发京津冀科技园区创新力。不过,要注意分清各项指导政策的阶段必要性和科学合理性,以避免过多政策误导与过激行政干预而适得其反。一是依靠国内循环盯紧核心技术自主研发,为区域产业链供应链注入新动力,带动其他链上周边企业转型升级,需要政府提供研发经费、培养科技人才、产学研相结合与优化营商环境,强化各

---

① 李猛,黄庆平."双循环"新发展格局下的创新驱动发展战略——意义、问题与政策建议 [J]. 青海社会科学, 2020 (6): 31-40.

地创新资源流动，以及加强国际合作、制定优惠政策与吸引优质外资，以参与国际资源循环，形成高端制造基地、技术研发中心和创新总部经济；二是采取适应性风险治理机制，能有效预警国内消费市场波动及国际贸易形势变化，做到精准施策与靶向发力，保障形成稳定安全的现代化区域供应链；三是发挥有为政府与有效市场作用，以满足人民美好生活为着力点，凝聚京津冀各园区创新资源，不断提升政策对新发展理念、新科技模式与新时代要求的服务水平。

## 一、国内国际两种市场资源双循环的关系

构建新发展格局是形成国内创新资源与国际循环相促，并推进区域经济发展平衡和保障创新生态稳健的必要条件。以此，改变京津冀科技园区外向型吸收科技再创新局面，转向为内涵型封闭创新与外延型引入科技相统一的综合型协同创新。也就是说，以自主技术协同创新为重点，并非不再关注国际前沿科技而闭门造车，或停留在研发上内卷，而是以人民为中心，通过破除传统体制机制障碍，京津冀科技园区聚焦于国内供给侧结构性改革及新科技革命潮流，吸收各地任何可利用资源开展协同创新活动。同时，引导并带动上下游企业及周边产业组成稳定安全的产业链供应链，再返回提高国内资源循环，推进更高水平对外开放，提速国内国际双循环。新发展格局是前瞻性战略框架，需系统性政策组合。改革开放后，虽然已形成国内循环和国际循环，但只是相隔离的两个循环，而不是相融合的双循环。进入新时代，构建双循环新格局：一是强调国内循环主体，不是国际循环导向；二是扩大内需与供给侧结构性改革相呼应，不是促进国内消费资金外流；三是各园区协同创新不是仅从国外引进吸收技术，或跨国合资并购研发。从两循环转变为双循环是我国宏观经济调控的阶段性相机抉择。国内循环和国际循环呈现出辩证统一关系。在国内资源有限及国内市场狭小的条件下，可以吸收国际资源及开拓国际市场来补充。但是，过多进口技术也会抑制国内创新，过度出口创汇更会依赖国际市场。出口国际市场及进口中间商品能扩大国内生产规模，并拉动经济

增长及提高居民收入，显著提升国内消费需求，但也要避免陷入低端锁定。

既要立足国内，又要拥抱全球。在国内大市场强劲的需求带动下，京津冀科技园区加紧协同创新、品牌提升、中间品升级及网络集聚，形成基于高质量供给侧竞争力驱动的区域循环，有利于扩大国内市场份额，并协同推进国际资源循环。所以，以国内大循环为主体是在原本依靠国际大循环的基础上再加上并转变为依托国内统一大市场，并不是对国际循环的彻底否定，而是深层次改进。随着世界贸易的深入发展，各国都已融入并共同参与全球价值链分工，在生产投资与消费分配上也已紧密相连，不可分割。以国内大循环为主不是要颠覆全球化，而是要形成相互促进的共赢关系。改革开放初期，构建出口导向的外向型经济是参与国际大循环的战略设计，其背景是国内市场发育迟缓的现实国情，很难提高生产积极性，而且调动国内循环的能力还很有限。所以，就先致力于对外开放，带动资源积累并激发需求潜力，培育国内超大规模市场。依靠低成本劳动力及土地资源环境等要素优势，采取了"先引进，三来一补，再出去"战略。不仅给国内带来订单，引入了优质资金、人才、技术等生产要素，还形成了商业意识和产权规则。从经济起飞到世界工厂，国内市场发展已今非昔比。在继续参与国际循环的同时，有必要转为将国内循环作为高质量可持续发展的核心条件。除对政策逻辑焦点结构进行全局部署外，其后续还要提升国内循环并巩固国际循环，并适当控制对外依存度，提升各地园区创新力，以解决区域不平衡不充分问题，抵御国际不稳定风险，也有助于推进京津冀协同创新与经济高质量发展，并维护技术创新主动权。

改革开放初期，京津冀科技实力差且综合国力很弱，大量原始资源积累及更多市场基础蓄势都要依靠外企、外商、引进外资来激发要素潜力并培育市场成长。进入新时代，要从富起来向强起来迈进。京津冀科技园区必然要提升协同创新力，以从世界制造工厂向全球研发总部转变。在世界贸易低迷与全球新型冠状病毒感染传播的新形势下，不确定风险增多，国际循环降速已成既定事实。只有国内循环中的内需潜力才能提供更多现实支撑力。客观而言，2008 年全球金融危机后，我国经济便开始向国内循环为主转变。对外贸易经常项目顺差的 GDP 占比从 2007 年 9.9%降至 2019 年的 1%[①]。但合乎逻辑的是，国际循环绝对量还需增加，仅是相对量会有所减少。正确处理国内循环与国际循环的此消彼长关系，不是压制一方而抬高另一方，而是主次分明下的综合提高。在现阶段，就是将各类资源引入京津冀科技园区，在提升协同创新能力下，围绕强大的内需市场生产出大量中高端产品，以满足国内外多元化需求。依靠扩大内需来释放更多创新潜力，才能支撑经济高质量发展。此外，强调以国内循环为主体，也是相机调整并优化国内国际资源结构，以适应当前京津冀科技园区经营环境的不确定性因素。国内循环与国际循环互动规律是京津冀科技园区注重提升自主技术协同创新的重要依据。降低对国外领先技术的依赖性并不意味着否定引进外部优质创新资源的重要性。从改革开放的历史实践可知，参与国际循环与加速国内循环并不矛盾，而且还相辅相成。以国内循环为主体，还要沿着改革开放道路，进行更深层次的体制机制改革。

## 二、国内自主创新与国际技术溢出的关系

以开放助改革，以改革促开放。构建双循环新发展格局，深化国内经济改革发展和科技攻坚克难，催化并倒逼京津冀科技园区协同创新。其主要受资源结构、技术类型、产业转化等因素影响。各类资源不仅能推进协同创新，还会提高生产率。不同资源结构对各园区协同创新的作用不同。低级创新资源仅能提高产能数量和低层次创新，但不利于升级产品质量和产业结构高端化，也不利于构建稳定安全、可控自主的协同创新链。而国内国际资源循环加速，会迫使京津冀科技园区打破旧有体制机制平衡，只有通过协同创新，才能畅通生产要素流动至其内外部资源配置重建适应性新均衡。各园区在核心技术或关键部件上获得科技协同创新突破，就可控价值链中高端生产率的提升

---

① 来源于国家外汇管理局 2020 年 3 月 27 日发布的《2019 年中国国际收支报告》数据。

幅度。但是,聚焦于价值链低端环节进行科技自主创新,虽然生产规模会扩大,但投入产出率并不高,生产率上升空间有限,还仍依赖进口中间品才能支撑其存续。即便会使制造业结构趋于合理化,但很难迈向高端化。京津冀科技园区协同创新成果只有通过产业化落地才能回收投资,才能促进转型升级和创新发展。研发投入和创新成果转化都有成本支出。所以,增加研发经费支出或提高成果转化投入,就意味着减少生产性投资而降低产量。同时,园区协同创新商品化后,会提升区域整体科技实力并增加产量价值,但成果转化有诸多不同中间环节,其中也充满着各种不确定性风险。在国内国际资源静态存量长期固定不变时,只有协同创新收益超出其投入成本,才能显著提高生产效率。

所以,市场运行体制不健全或资源配置机制不完善,都会导致协同创新成功率和转化率齐低。即使将创新成果强行制成最终产品,也难以推广应用而收回投资。即便创新成果有商业化价值,也需等待更长时间。由于存在资源有限使用成本和体制机制障碍,京津冀科技园区静态封闭的自主创新不一定能最终实现转型升级和高质量发展。不同类型园区技术创新面对的资源禀赋限制和体制机制约束存在差异。低端园区缺少创新资源且体制约束严格,大多提供必需品而市场弹性小;高端园区创新资源丰富且没有体制负担,大多提供高级品而市场波动大。但是,高端园区自主创新比低端的失败风险高而转化时滞长。于是,在保证现有国内外有限资源循环畅通的情况下,面对资源竞争零和博弈,基于投入产出及收益成本分析可得出,高端园区协同创新动力不一定比低端园区强。虽然不能带来区域产业升级,但更能维护其结构合理化。而且,高端园区提高创新成果产出的幅度也不会超过低端园区。因此,加快形成国内国际双循环和打破体制机制阻碍,将有助于京津冀低端园区拓展创新资源范围,重塑能适应国内外商业规则的科技创新机制,增强协同创新动力,还有助于高端园区挖掘现有资源潜力,脱离资源竞争零和博弈的创新垄断体制,突破核心技术"卡脖子"困境。当然,并不是所有引进外资都能使京津冀科技园区获得技术溢出,并再顺利进行协同创新。外资对低端园区的技术溢出效应，仅使其产业结构更为合理，但不利于转型升级。

但是，抢占国内开放型市场份额的跨国公司，会选择有竞争力的较高技术对华溢出。虽然只是为了加快生产要素流动，但间接刺激了京津冀科技园区协同创新活力。为保持领先技术垄断，跨国公司会严格限制先进技术溢出，时常直接压制或设置陷阱，减少各园区创新活动。不过，引入外资不会自动产生技术溢出，关键还是在于园区创新力。若其太弱，即便跨国引入高科技工艺，也无法有效吸收外资，反而还会引发技术人员流失。园区协同创新和国际技术溢出相互关联。一般而言，京津冀科技园区技术创新可分为积累自我经验创新和引进知识学习创新。前者具有原创性，回报高风险大，垄断强周期长，大多是改良现有的生产技术，必须依赖创新经验的长期积累。而京津冀大多园区科技基础薄弱，尚未实现从无到有的突破，更不用说短期能积累大量的应用经验。所以，要先引进国外先进知识技术再进行园区协同创新，才能弥补基础不足并缩短经验累积期，而获得科技后发优势。外资知识技术已被市场接受，也已投入现实生产。吸收其技术溢出后，创新成功率及成果转化率都明显高于积累自我经验创新。但是，引进知识学习创新不利于京津冀科技园区掌握核心技术，也不利于产业结构高端化。除非通过模仿学习不断提升创新力，其水平快速接近并与国际先进技术齐平，导致国内外市场竞争加剧。国际领先企业就会更倾向于使用更先进技术参与全球竞争。这样，外资技术溢出效应就更高级。同时，京津冀科技园区予以引进再消化吸收。掌握并模仿速度越快，迫使外资更新升级就越多，则吸收创新就越强。

# 第二节　结链内外部创新网络

马克思主义政治经济学研究了以下生产分工类型：一是工厂分工，是资本主义经济提高商品生产率的历史组织形式；二是社会分工，是在商品经济条件下，以生产资料分散在许多相互不同的商品生产者手中为前提，以各劳动部门产品交换为媒介，与工厂分工有很大差异；三是国际分工，是社会生产力发展的必然产物，其不断深化又会进一步促进社会生产力发展。生产分工不仅是工厂组织制度，而且是社会经济生活制度，是生产资料所有制在组织行为上的具体反映。马克思认为"各种使用价值或商品体的总和，表现了同样多种的、按照属、种、科、亚种、变种分类的有用劳动的总和，即表现了社会分工"①。有组织规则的工厂分工与市场经济下分散无序的社会分工存在着矛盾关系。同时，社会分工可促进生产流程专业化，强化国内市场与国际市场的资源物质联系，并有效促进国内国际两种市场相互融合发展。生产分工越发达，劳动种类就越细化，组织专业化就越发达，可进行交换的商品数量就越丰富，市场规模也就会越庞大。构建新发展格局可深入完善并合理调节区域劳动生产分工，促进以国际大循环为导向的京津冀传统产业链供应链分工体系向以国内大规模统一市场循环为主体的新生产分工体系转化，推进区域经济高质量发展。构建新发展格局是在正确认识国内外分工形式演变规律下京津冀供给侧结构性改革的战略基础，为区域科技园区协同创新实践提供了重要的战略思路。

面对复杂严峻的国际政治经济新形势，为防控京津冀中长期经济出现不确定性风险，使区域产业链供应链安全稳定，持续提升各地科技园区协同创新能力并带动京津冀高质量发展，党中央在京津冀协同发展、疏解非首都功能、建设雄安新区等国家战略基础上，提出了"加快形成以国内大循环为主体、国内国际双循环相互促进的新发展格局"。一方面，全球市场萎缩导致各国经济低迷，强化国内循环代替已被限制的国际大循环，有利于提升京津冀科技园区协同创新并增强区域经济发展的内生韧性；另一方面，国内有超大规模市场且内需潜力巨大，跨区资源循环可首先满足京津冀群众美好生活需要，并对国内国际循环起到支撑作用。在党的十九届五中全会通过的"十四五"规

---

① 资本论：第一卷 [M] //中共中央马克思恩格斯列宁斯大林著作编译局. 马克思恩格斯全集（第 42 卷）. 北京：人民出版社，2016：29.

划，以及党中央国务院一系列会议文件中，针对国内国际双循环都明确做出重要指示和指导意见。即新发展格局是统一的整体，既不能片面强调国际循环，也不是关起门搞国内循环，而是利用好国内国际两种市场资源。一是打通生产、分配、交换、消费等环节栓塞，使国内外分工统一协调；二是深入国内循环不是减少对外开放，而是在国内循环上放大进出口贸易及国际投融资规模；三是从供给侧发力提升京津冀科技园区协同创新能力，以新发展理念来优化产业结构；四是为区域高质量发展打好物质基础，提高创新驱动力和产业附加值；五是促进各地产业链供应链现代化，发展数字经济以壮大经济新动能。构建新发展格局是为最终创造更能适应国内新需求的有效供给，推动京津冀经济形成新增长点。

## 一、产业链供应链交织的创新网络生态

近年来，京津冀科技园区发展迅速，取得了许多突出的技术创新成就，区域工业现代化体系也不断完善。开放不仅引入外企，而且部分园区还抱团走出国门。随着经济全球化的深入发展，京津冀科技园区也融入国际产业链供应链中并积极参与全球产业分工。经过多年发展，许多科技园区都已成为优秀的全球供应商或世界加工车间。若国际产业链爆发治理权力争夺，甚至要分裂或切断现有供应链，不仅京津冀科技园区，还有全球产业分工体系内所有正常运行的贸易投资与资源循环都会受到严重影响。国际产业链供应链将大多产品的生产研发分解为各种专业化流程分散在世界不同国家及地区。然后，再基于全球市场规则及多边商贸协议，处于其上的科技园区可以通过彼此互信而相互合作，对各环节进行重组，形成最终的复杂产品。若拥有国际产业链供应链治理的控制权，就能掌控链上核心技术、关键部件与创新资源的生产流通。国际产业链供应链交织而成的协同创新网络，是国际大分工中作为各类创新资源循环节点的所有园区企业结成一致性的科技创新合作关系结构，以共同生产出多种技术产品及服务，进而互惠共赢。基于市场逻辑的资源配置机制，能使京津冀各科技园区

自发结成产业链供应链协作创新关系，相互弥补各自创新资源不足，形成完整的协同创新网络生态。若能制定相应措施来构建良好的创新资源循环体系，则京津冀科技园区协同创新的扬长补短效果也会大幅增加。但在创新网络中，某中心产业或节点园区的技术变化会波及其他相关产业。若是纵向相关，则会协同合作创新；若是横向相关，则会竞争替代创新。所以，都会给各节点园区造成创新压力，以迫使京津冀产业链供应链治理结构进行内生性调整。

## （一）新时代创新网络特征

创新网络重构力量来源于在关键节点或潜力环节上爆发的新科技革命。节点园区的核心技术变革对整个京津冀产业链供应链的价值创造有重要影响，也会升级为创新网络的领导地位。本质上，就是要将最新科技创新成果通过链上园区企业合力转化为新兴产品或服务，并共同获得更大的市场竞争空间。京津冀科技园区协作创造技术价值，以实现区域可持续共同发展。借助5G通信、大数据、物联网和人工智能等新一代信息技术，创新网络将各类园区有效联结并进行深层次资源联动。随着大量互联网平台型企业出现，加速了各园区间互动频次，使创新资源共生、依附性更强。在新时期，京津冀创新网络还有自组织性，各科技园区会因竞争压力被迫主动适应内外环境变化进行探索性转型，即合作或竞争来争取其优势地位，也就是通过异质性资源循环耦合以积累量变或突破质变，寻求多元化权力制衡。协同创新环链网络更加紧密复杂，却使研发投入、理论研究、创新成果和商业转化等创新分工的边界更模糊，只能走向深层次的开放合作。所以，京津冀创新网络需要多元化园区参与和多层次资源互动。在传统创新活动中，用户被视为客体，通过调研其需求来明确研发方向。但在新时期，京津冀创新网络的客户有些就是科技园区，并全面参与网络价值的共创过程。

在传统创新过程中，从研发投入产出价值等各环节的资源配置是静态线性联结排布的。而在新时期，京津冀创新网络各环节并不是简单线性联系。研发投入多少不直接决定创新成果数量，其创新效率由多种资源要素共同作用,即与多元化园区在协同创新网络中对彼此资源要素进行科学合理的集成化过程有显著关系。此外,新时期协同创新网络的各园区创新资源会在不同环节进行流通转化。即通过整个网络内部的各园区群落来相互交错,并动态反馈其配置情况,而不是以往创新的传统单向信息传递。协同创新网络可嵌入性就决定了各科技园区间是复杂动态的非线性互动关系。其中,不能仅关注研发投入,还要重视各园区协同演化、要素联结、链条更迭等环链网络生态环境。而且,各类用户与各园区也形成了价值共同体。不仅使研发直接与应用无缝衔接,还缩短了研发周期并提供了优质体验。通过整合所有参与主体的创新资源,实现区域协同创新平台集成与交互。进入数字智能时代,京津冀科技园区要依靠海量数据和智能算法开展协同创新活动。政府角色从强势控制转变为协同参与,政策执行也由协同创新顶层联动体制替代了传统各地行政划分体制,以健全数字基础设施,使京津冀科技园区能更灵敏反映市场波动。

## (二)园区网络数字化转型

数字智能化创新网络引起了节点园区的数字化转型。大量数字资源涌入京津冀协同创新网络,使各节点结成数字规模经济,必然会进行相应的转型升级。当然,京津冀各科技园区需构建或融入网络才能实现数字化协同创新目标。数字智能化打破了地理空间的长距离限制,使创新资源信息都汇聚在数字配置平台上。随着数字化协同创新网络的规模增大,各节点链接的创新资源也会呈几何级数增加。只有京津冀科技园区拥有雄厚的数字技术创新力,才能主导并控制协同创新网络内的庞大链接资源。如图5-1所示,创新网络数字化转型就是要帮助节点园区保持资源竞争优势。同时,不断结网调整优化内部节点来获得最新外部资源,让其余节点认识到网络资源的不可替代性。随着云计算、物联网等智能技术的升级迭代,京津冀各科技园区原有科技创新的分工流程及职能边界被逐渐打散。除非能融入自主可控的共生系统中,否则很难应对快速无序变化的外部市场竞争环境与内部资源断供压力。面对数字经济的兴起,即便科技园区处于创新网络核心位置, 也要扩大网络异质性资源范围并提高配置效率。即将各园区纳入网络治理结构中, 以升级其资源禀赋。当然, 还要保证所用资源补偿的获得感, 才能使其资源优势转化为协同创新能力。

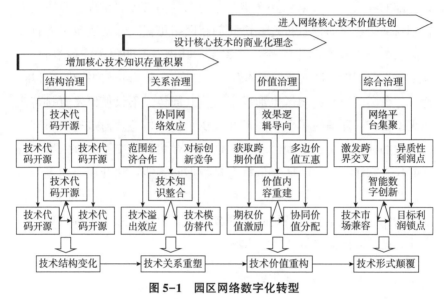

**图5-1 园区网络数字化转型**

资料来源: 笔者根据相关文献整理得出。

此外, 网络数字化转型也需节点园区研发投入, 其创新潜能也会对其他节点联结产生相互干扰。所以, 各节点绩效与网络内部关系紧密相关。其关系强度体现着节点嵌入网络程度和控制资源方式。不仅直接关系到节点获取外部资源的能力与范围, 还对节点间的关系治理与风险分担产生显著影响。京津冀科技园区针对颠覆性核心技术及关键部件进行协同创新, 会经历知识累积、设计理念、价值共创等不同阶段: 一是增加核心技术知识存量积累, 通过协同创新网络结构治理, 丰富其内涵资源种类, 提升网络整体创新力, 使原有技术更新迭代, 形成以充实性能功效为内容的颠覆性知识, 再利用关系治理保证参与主体交叉性知识兼收并蓄, 以产生协同互动效应; 二是设计核心技术的商业化理念, 通过价值治理使网络各参与主体确立共同的市场导向, 重塑价值观并避免利益冲突, 再通过关系治理保持各园区的创新凝聚力, 整合了市场机会并坚定了未来发展预期; 三是进入网络核心技术价值共创，通过综合治理催生各园区对各种创新资源组合的衍生功能，明确各自的独立利润点，并使其在追逐利润最大化上由竞争思维转向共生逻辑，在共同发展的市场中协同促进科技研发创新。

## 二、区域产业链与全球价值链相互交融

习近平总书记指出"世界经济面临诸多复杂挑战，我们决不能被逆风和回头浪所阻，要站在历史正确的一边，坚定不移全面扩大开放，推动建设开放型世界经济，推动构建人类命运共同体"①。通过京津冀产业链和全球价值链交互融合，各科技园区才能通过嵌入国内国外蕴含科研、人才、技术、知识等丰富资源的创新网络来获得协同创新的资源优势。其中，由供应商相互链接而形成的国内国际供应链体系也是协同创新网络成长与发展的必然产物。作为加速京津冀科技园区获取外部创新资源重要通道，国内外供应链内部各种新设计思路及新实践应用也得到快速传播。"凡是愿意同我们合作的国家、地区和企业，包括美国的州、地方和企业，我们都要积极开展合作，形成全方位、多层次、多元化的开放合作格局。"②京津冀科技园区也可将协同创新成果通过影响其供应链内部知识流动及辅助创新，促进区域产业链供应链的转型升级。各科技园区也会与供应链形成节点间社会关系联结的网络结构。各节点拥有的创新资源差异对园区协同创新绩效产生显著影响。当然，京津冀科技园区所处的协同创新网络地位也决定了其控制及利用创新资源的可能性，也就关系到其形成的市场竞争优势。创新网络应富含多元化科技资源，才能培育园区协同创新的多样性和差异化，即各供应商及园区间保持总能接触到外部不同知识资源的机会空间。所以，更要不断扩充协同创新网络，并丰富其内部创新资源及加速异质性资源流动，以抵御缺链、断链、短链等不确定风险。习近平总书记指出"越开放越要重视安全，越要统筹好发展和安全，

① 习近平. 在深圳经济特区建立40周年庆祝大会上的讲话 [N]. 人民日报，2020-10-15（2）.
② 习近平. 在经济社会领域专家座谈会上的讲话 [N]. 人民日报，2020-08-25（2）.

着力增强自身竞争能力、开放监管能力、风险防控能力，炼就金刚不坏之身"①。

## （一）区域链与国际链关系

随着我国持续挖掘超大规模市场内需潜力，会不断完备国内生产、分配、交换、消费各环节，加速各类资源流动，形成国内大循环②。扩大内需使我国成为世界经济的新增长极。在高标准建设市场运行机制及优化营商环境的政策背景下，京津冀各地逐渐建立开放规范、竞争公平、畅通有序的区域市场循环，加快吸引全球创新资源要素，不断增进科技园区协同创新动力，促使区域经济质量和产业效率发生根本性变革。在充分利用好国际创新资源优势的条件下，京津冀科技园区通过提升协同创新能力可成为核心链主，进而形成安全稳定、自主可控的区域价值链。即占据核心生产环节的科技园区在国内有效需求市场和区域分工体系中，获得协同创新能力及高附加值品牌竞争力。从研发投入、功能设计、原料供应、零件配送、组装加工到推广销售的全生产过程都将围绕京津冀科技园区协同创新，排除区域循环栓塞障碍。此外，通过基于扩大内需市场的国内循环带动国际市场资源循环，以深度实现区域价值链对接全球价值链。从京津冀各科技园区对外开放的历史经验表明，世界净出口贸易畅通对提升区域产业附加值有巨大的推动作用。但目前，区域价值链与全球价值链在总体上还存在相互替代关系。

而且，冀中南部地区只能以北部京津地区为中介才能与以发达国家为主导的全球价值链相连。除要素禀赋差异外，规模经济也是区域价值链与全球价值链衔接的重要因素。即便京津冀各地创新资源并不富集，但通过科技园区协同创新强化了区域规模经济，世界各国仍会从京津冀进口创新资源。这也是发达国家即使已占据国际竞争统治地

---

① 习近平. 在深圳经济特区建立40周年庆祝大会上的讲话 [N]. 人民日报，2020-10-15（2）.

② 例如，我国先后实施京津冀协同发展、长江经济带建设、粤港澳大湾区建设、长三角一体化发展等国家战略，以促进区域经济一体化发展，加快形成国内统一大市场。

位，也仍然会在世界各地挖掘科研人才和吸收先进技术的主要原因。所以，京津冀利用国内超大规模内需市场，可对国内外人才技术等创新资源集聚构成虹吸效应，从而促进区域与全球的价值链深度对接。此外，以国际资源循环拉动国内市场循环，通过全面参与全球价值链生产，带动京津冀价值链发展。改革开放以来，借助国际市场资源循环，国外资金、技术、人才等创新资源沿着全球价值链流入京津冀地区，以满足区域庞大市场需求。通过价值链技术溢出效应，激发了京津冀科技园区加速转型升级，形成了区域价值链。虽然可从国际循环中引进模仿全球价值链的先进制造工艺，但不一定带来区域产业转型和科技创新升级。所以，对外开放要结合国内循环。不仅要继续沿着发达国家主导的全球价值链开放学习前沿技术，还要主动参与世贸新规则治理，沿着"一带一路"输出释放京津冀价值链产能创新。

### （二）战略性创新网络协同

战略性创新网络协同是在京津冀新兴产业的复杂创新网络内，依据其园区模块化分工环节形成各子生产系统，联合创造出宏观有序的园区协同创新效果。多个子系统合作协调会促进整个网络创新收益增多。复杂系统各生产模块间的园区协同创新，也推动了京津冀战略性新兴产业的创新发展。创新网络各子生产系统显示了各分工模块园区的具体组织形态。若受到新科技潮流冲击，或部分生产环节技术革新，不仅会加速子系统内外园区的协同关系变化，也会对战略性产业整体网络演化产生重要影响。依据京津冀模块化分工生产的各子系统，其协同创新关系既表现为微观节点园区间的技术创新合作，也表现为各环节子系统间及其与京津冀创新网络间的协同互动。协同关系越显著，京津冀创新网络越便于整体进行周期性演化。在战略性产业网络形成的初始阶段，以京津冀科技园区协同创新为核心，现有产业链供应链的各周边园区及其联合的产学研参与主体，在技术创新政策激励与约束下，积极寻找不同环节内拥有技术人才等异质性创新资源的弱关系合作伙伴，偶尔也会与隶属于其他模块化分工环节的子系统节点园区开展跨领域交叉协同创新。创新网络内诸多弱关系协同创新不仅有利于各园区间获得创新资源，也便于开展探索式创新协作，并增加尝试合作基础研究的机会。

随着各子系统节点园区间不断深入开展技术创新合作，效率低的弱关系会被淘汰，稳固的强关系协同创新逐渐凸显，使得更多科技园区参与到京津冀战略性产业协同创新网络，推动其规模扩张及密度增加。但是，该网络结构也呈现出动态复杂变化。在用户需求多样化及市场竞争白热化的情况下，现有的强关系协作会深化节点园区间形成长期依赖彼此资源的稳态结果。虽然有利于互补凝聚权力并积累创新资源，提高了协同效率，但也造成各园区跨领域合作数量减少，使京津冀战略性产业出现颠覆性科技创新的概率下降。在战略性产业网络发展成熟后，各子系统节点园区间联系更为紧密稳定，从原有的线性点对点协同模式转变为复杂的多对多合作联结，并贯穿了上下分工模块子系统，使京津冀整体网络的资源连通性更强。京津冀科技园区协同创新也会出于获取战略性产业资源而参与全球价值链协同创新网络，择机挑选国际研发伙伴。但是，京津冀各园区只有通过世界贸易端口，以联合生产、合资并购等链接方式才能接触并整合国际市场的异质性创新资源，并结合国内市场资源积累，弥补协同创新能力短板。此外，京津冀科技园区还通过与国内外各类创新合作伙伴的亲密互动，提升制成品质量及其品牌形象，增强国际市场竞争力。

## 三、园区协同创新产业共生的资源基础

国内国际资源循环要求京津冀科技园区集中于区域产业链与全球价值链上研发活动各分工环节的不同技术发展阶段，制定适宜的自主技术协同创新战略。京津冀创新网络由基于创新资源的分工联结构成，具有资源可达性、利益关联性等特征，即节点园区的相互关系会影响协同创新绩效，其与创新网络知识学习能力和技术战略方位也是协同演化的。当然，国内国外资源体系对技术创新战略有支撑作用。京津冀科技园区内部资源存量及外部流量的长期积累程度，都会影响其未来协同创新活动。特别是进入数字经济时代，以高端装备制造、新能

源汽车、新一代信息技术为主要领域的战略性新兴产业发展，已逐步将京津冀各生产链条纵向拆分为若干单位模块，并产生互利共生、偏利寄生或交织混合等内部资源关系耦合的治理特征及循环体系。如图5-2所示，京津冀科技园区处于开放创新的技术生态网络中，并从其所在的产业分工节点着眼，形成了区域产业链供应链治理逻辑，即关键性资源循环带来"一方独占→不对等分→平等互惠"的收益分配结构变化，从而形成"独立链条分解→复合架构协同→异质模块集成"的协同创新演化轨迹，以驱动京津冀科技园区参与连锁式传递、涟漪式扩散与交叉式渗透等多种科技衍生与认知演化的协同创新过程。

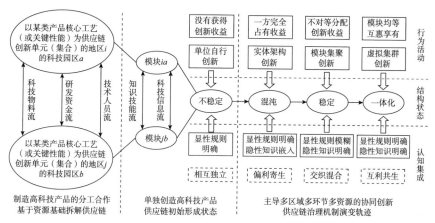

**图5-2 关键性资源、供应链治理与京津冀科技园区协同创新的互动逻辑**
资料来源：笔者根据相关文献整理得出。

同时，各园区可进一步探索共性技术的共享机制，有条件、有期限地向创新网络输送高关联度的技术授权许可，使其共性技术在创新网络架构下成为准公共产品，以期为区域产业链供应链及周边园区后续进行融通性创新夯实基础。特别是基于中关村科技园的优质资源和成功经验，通过政策实施与基金引导，建立与雄安新区及津冀其他园区产业模块间的知识技能流和科技信息流，形成某类高科技产品或服务产业的区域协同创新。根据产业模块化创新理论，创新模块间的资源耦合关系，决定了中关村科技园与津冀园区对接后形成创新资源流动的环链布局。其中，既有引导、带动等互补关系，又有抑制、对抗等互斥关系。最终，中关村科技园和津冀各园区间会形成模块化协同创新系统，并具有以下特征：一是各园区各自会大量聚集产品生产或服务供应的创新模块，能使资源自由流动且更具空间灵活性；二是高科技产业各模块间及其与各地政府、中介机构间进行频繁的彼此互动，构成多层次交叉的组织关系，使某园区某项技术模块的变化波及其他园区各模块；三是模块间的激烈竞争会产生创新压力，不同模块间的交互学习能积累创新经验；四是京津冀创新协同环境会刺激各园区产业模块开展更具探索性、适应性的技术协同创新。

## （一）产业技术各共生类别

京津冀产业链供应链共生特征决定了科技园区协同创新的供应链治理模式。如表5-1所示，其具体可分为多种不同类型。在相互独立阶段，京津冀科技园区与供应商都会有技术人才等资源绝对优势，有显著的互动独立性，各方不对称占有协同创新项目所需的关键性资源。除非有明显的项目收益或适宜的分配所得，京津冀科技园区协同创新才会相对稳定，但还是由资源绝对优势园区完全主导。虽然弱势园区短期也能独立获得生存资源，但获利空间会被不断扭曲或挤压。在偏利寄生阶段，创新项目仅对某些园区有利。除非其他园区获得特殊补偿，否则难以保持共生的稳定性。京津冀科技园区协同创新受多重复杂因素的共同作用，很难仅从当前共生情况来判断并解决其与供应链间的利益分配关系。在交织混合阶段，各科技园区与供应商间构成了创新资源交织匹配与适应对等的混合状态。尽管获利程度不同，但都能从协同创新项目中获得正外部性收益。例如，延伸京津冀产业链供应链，使其现代化转型升级，以向价值链高端化迈进。虽然都能获利，但仅是处于相对稳定状态。其可持续性还取决于协同创新收益的非对称性分配程度。而进入互利共生阶段，就意味着各园区间达成了频繁互动和广泛交流的稳定机制，其内部成本损耗和外部进化机会都已实现深度发展。虽然其稳定性的均衡条件很严格，但始终是供应链治理模式动态演进的理想目标。

表 5-1　共生模式分类与特征描述

| 分类标准 | 共生类别 | 特征属性 |
|---|---|---|
| 模块交互关系<br>（毛荐其等，2011） | 竞争型 | 模块有同质性且都为获取价值而展开激烈竞争 |
| | 互补型 | 模块间有功能互补的结构关系，彼此交互能实现价值共创 |
| | 共存型 | 模块在功能上相互独立，共生体价值源于模块的线性叠加 |
| 模块价值互动<br>（陈春花等，2019） | 互利 | 模块交互依赖，形成价值互惠互利的正向协同 |
| | 偏利 | 模块一方获得共生交互正收益，其他方无害也无利于共生关系 |
| | 偏害 | 模块整体不创造共生价值，一方获取价值依赖于另一方付出价值 |
| | 吞噬 | 模块交互引致共生体破坏，各模块同时损失价值而消亡 |
| 模块网络结构<br>（毛荐其等，2011） | 卫星式 | 模块交互结构可划分为核心与边缘，核心模块处于中央位置，边缘模块处于辅助支撑位置 |
| | 网络式 | 模块交互成网络结构特征，无核心与边缘的差异 |
| 模块演化过程<br>（蒋开东等，2020） | 独享单利 | 共生演化初期，模块交互存在彼此抑制与不对称性，共生体价值由单一模块享有 |
| | 差异互利 | 共生演化中期，模块功能差异小，交互频率大幅提升，共生体价值差异化配置 |
| | 均衡互利 | 共生演化后期，模块协同性强化，交互频率与共生体价值创造趋于长效且稳定 |
| 模块演化节奏<br>（张雷勇等，2013） | 独立 | 模块交互仅发生在共生某时刻，其他时刻无交互 |
| | 间歇 | 模块交互仅发生在共生某不连续时刻，此外并无交互 |
| | 连续 | 模块交互仅发生在共生某时段连续长时间内，此外无交互 |
| | 统一 | 模块交互在无限时间内一直发生，使所有模块汇聚为长期共生体 |

资料来源：笔者根据研究文献整理得出。

京津冀科技园区协同创新的供应链治理结构有多种不同的发展阶段。在不稳定阶段，各园区进行试探性协同创新，与资源承接供应商进行浅层次合作，并对产业链供应链周边园区产生影响。京津冀科技园区有创新资源储备优势及强劲协同创新动力。虽然区域科技园区主导形成了上下游共生结构，但其内部关系并不稳定。由于处在不对等不互信初期，协同创新项目共生结构不易抵御外部冲击，存在不确定性风险。在混沌阶段，京津冀科技园区与供应商产生合作惯性，产业链供应链上下游关联园区已跟随其投入资源而形成有依赖性的新模块，但各方共生关系仍为线性分工状态。虽然创新项目稳定性提高且随机性降低，但不确定因素仍然存在。既可能向高级演进，也可能退化为初级状态。在稳定阶段，以价值链为纽带，构成多层面多环节合作关联，即稳定共生系统。同时，京津冀科技园区嵌入产业链供应链而形成独特的分工形式，并产生专用性很强的资源配置渠道。此时，共生系统损耗少且效率高，呈现明显的集群化特征，并已探索出高效稳定的分工方式。在一体化阶段，京津冀科技园区继续以价值链为重心，与产业链供应链协同开展核心技术及关键部件的自主技术创新活动。共生系统的协调性、系统性及互动性都有所增加，并将以整体形式与环境相互作用，任何模块功能都与其他模块互为依赖。

## （二）内外资源与园区创新

由于京津冀科技园区内部资源储备有限，通常需要外部资源跨界导入。既可分散自主创新失误风险，又可增加创新成果突破概率。区域创新活动扩展了资源可触及的广度，有利于其获取异质性资源，对协同创新有积极作用。同时，嵌入产业链供应链的现代化程度，也拓宽了京津冀科技园区协同创新的思路与视角。但是，价值链潜层运行的资源配置机制给各科技园区吸收多元化创新资源带来困难，并面临整合内外部资源的挑战。京津冀科技园区通过整合集成能力将作为其协同创新能力重要部分的技术人才等创新资源进行协调统一而获得竞争优势。独特的资源集成整合能力能使各园区更有协同创新积极性。不仅通过实施激励机制，强化了内部创新管理，也可以吸收并利用好区域产业链供应链上下游创新资源，多路径实现协同创新。此外，多元化技术识别能力使京津冀科技园区能够以多样化途径来准确辨别内外部市场中有价值的创新资源。在以园区为核心的协同创新网络中，供应商多元化异质性技术给其创新资源集成带来了困扰。虽然多元化技术增加了知识创新关联的可能性，但京津冀科技园区并未都能对其进行完全响应而持续有效地更新现有技术。所以，其内部开发改进原有科技水平对吸收引进外部创新资源有促进作用。

所以，京津冀科技园区要培育动态创新能力，其表现在通过扩展、改造现有资源基础，以重置更新现有创新能力。即各科技园区通过多元化技术识别能力及资源集成整理能力，在识别整合内外部创新资源的基础上，利用动态创新能力对其内部现有资源基础进行更新，以动态响应快速更迭的用户需求及科技变革，并重建现有创新能力，提升协同创新绩效价值。供应链及供应商与京津冀科技园区间技术差异越显著，其互补性就越大。供应商多元化技术互补促进了供应链内知识共享，有效提升各园区与供应商协同创新绩效。拥有异质性、互补性技术资源的供应链也更有利于京津冀科技园区协同创新。此外，具备协同创新能力的京津冀科技园区通过多元化技术识别能力才能发掘嵌入在区内外供应链的异质性创新资源，并利用集成整合能力将分散的创新资源组成新的技术架构。一是多元化供应链提供新的异质性创新资源，有利于各园区对其重组或改变连接集成多样性新组合及发现高价值新机遇；二是有利于科技园区构建超越传统的动态灵活新思路，降低其泛化应用于特定情境的技术风险，刺激重新审视认知结构及组织惯例；三是有助于京津冀科技园区观察学习不同领域相异的专业新知识，修改试验新方案，以实现创造新产出。

# 第三节　案例分析：中关村共建雄安小镇

围绕北京中关村科技园辐射功能与雄安新区高标准建设任务，京津冀将形成科技园区模块化协同创新环链布局。即通过创新链代工、产业链整合、价值链分工等模块化协作机制，由中关村科技园引导京津冀各地高校院所及其他园区的优质创新资源集中与战略性新兴产业重组，建立若干大型高科技产业协同创新平台，并形成具有首都功能和雄安特色的研发合作总部经济。北京中关村科技园集中了全国最雄厚的技术创新资源，高标准建设的雄安新区也是京津冀协同创新驱动发展模式探索的最佳场所。由各地政府主导，选择若干典型的高新技术领域（如新材料、人工智能、新能源汽车等），可在京津冀"一核两翼"先行区成立由高校院所（或科研机构）和园区企业（或行业组织）共同组建的新型协同研发机构，开展研发代工等协同创新试点，并逐步建立模块化协同创新环链结构，再有针对性地制定配套政策，以特色小镇的模式先行先试。或者，政府可设立 PPP 项目管理模式，参与建设管理数字化协同创新平台，并在土地使用、人才引进、税收补贴等方面给予园区协同创新体系以政策倾斜，引导北京科技资源与津冀科技园区企业交叉整合，建立若干以新兴产业领域为单元的大型科技创新协同平台。未来，京津冀会出现多家协同创新平台，在实际意义上就形成了以北京雄安为科技产业核心的特色园区模块化协同创新环链布局。

根据产业模块化协同创新理论，只有各模块间的创新资源存在耦合关系，才能促进中关村科技园与雄安新区合理对接产业结构，形成协同创新环链布局，即资源及产品的区域流动轨迹。其中，两者链接并非一蹴而就。既有引导、带动等互补关系，又有抑制、对抗等互斥关系。最终，在中关村科技园和雄安新区的技术协同创新也会经历互利共生、偏利寄生、交织混合等共生状态，才形成了模块化创新系统。一是两地间大量各自聚集科技产品生产或科技服务供应的创新模块，使创新资源在京津冀区域空间内流动更为灵活；二是科技产业各模块间及其与各级政府、中介机构间都会有频繁的信息互动与资源交易，构成多层次交叉的产业组织关系，以致中关村科技园的技术模块变动会波及雄安新区的产业发展；三是科技产业模块间，即中关村科技园与雄安新区同业同类产品也会存在市场竞争关系，会产生自主技术创新压力，不同模块间的交互学习能彼此积累创新经验，刺激两地科技产业模块开展更具探索性、适应性、差异化的技术创新试错。同时，由于中关村科技园与雄安新区有多种异质性知识及创新资源集聚，将构成开放创新的技术生态系统，使两地产业模块化协同创新成为一个复杂的非线性演化过程。

模块化创新会出现连锁式传递、涟漪式扩散与交叉式渗透等多种演化方式，导致两地产业呈现出不同的演进轨迹。一是在京津冀协同发展及非首都功能疏解等政策导向明确的前提下，雄安新区技术创新模块会不断嵌入中关村科技园产业链获取更新的隐性知识，努力争取京津冀创新系统中其他模块的广泛认同，以改变雄安新区现有创新组织惯例，获取超额收益；二是雄安新区模块化创新规则变化将影响两地技术共生路径，使整个系统呈现"稳定→混沌"的动态演变，但不会停滞于该状态；三是在京津冀科技园区模块化协同创新形成前，中关村科技园与雄安新区的两地产业链由单一功能模块组成且独立完成各自的产业创新，若模块化规则及其共生状态改变，则会使两地产业模块解体为复合功能模块，进而转为互利性共生的模块链接；四是中关村科技园与雄安新区两地产业在"独立架构→协作模块"两种技术创新模式间摇摆，会经历"独立模块分解→复合模块协同→异质模块集成"的过程，也将使京津冀科技园区协同创新系统涌现出各类模块化协同创新组织（如战略联盟、产业集群等）；五是随着中关村科技园与雄安新区间模块化创新活动及共生规则变化，两地科技产业创新模块收益的分配结构也出现"一方完全占有→不对等配置→模块化切分→区域统筹整合"的演化趋势。

## 一、雄安新区产业创新的现状

"无文化传承，无雄安未来"，雄安新区有着悠久的历史文化遗存。如表5-2所示，通过积极推进雄安新区历史文化挖掘和文化遗产保护工作，将其地域文化与科技产业融合将会是其高标准建设的重要环节。雄安新区三县历史文化底蕴深厚、文物资源丰富，都将作为未来新兴产业发展的创新资源。根据第三次全国文物普查成果显示，雄安新区所在的三县区域共登记不可移动文物189处。其中，有全国重点文物保护单位2处，省级文物保护单位8处，还有市县级文物保护单位78处。例如，有著名的有新石器早期容城县磁山遗址、容城南阳遗址，以及宋辽古战道。以白洋淀爱国主义、英雄精神为文化创作元素，雄安新区孕育出了《荷花淀》《芦花荡》《风云初记》《新儿女英雄传》《小兵张嘎》《敌后武工队》《雁翎队》《烈火金钢》等反映爱国不屈、抗击侵略的红色文学艺术，也构成了雄安新区荷花淀派红色文化遗产，是华北红色文化遗产的重要组成部分，都可以利用现代数字技术加以完善发展。中国雄安官网《雄安新区非物质文化遗产 213 项（附目录）》的信息介绍显示，雄安新区三县非遗项目共有 213 项（而且有 211 项呈活态存在）。其中，雄县 82 项，容城县 40 项，安新县 91 项，可划分为民间文学、传统音乐、传统舞蹈、传统戏剧、曲艺、传统美术、传统技艺、传统医药、民俗等 10 个门类。而其中已被认定为国家级非遗项目的有 6 项，全部为音乐类。省级非遗 14 项，市级 28 项，县级 6 项，包括了音乐会、西河大鼓、体育、杂技、美术，以及面塑、苇编、造船等传统技艺。

**表 5-2　雄安新区 13 个特色小镇**

| 地区 | 特色 | 分布 |
|---|---|---|
| 容城北 | 数字科技小镇 | 北张村，沙河村，沙河营村（包括沙河营小学） |
|  | 人工智能小镇 | 王果庄村，北城村 |
|  | 光电信息小镇 | 南剧村，北剧村（含剧村小学，强强毛绒玩具展厅） |
| 雄县北 | 空间技术小镇 | 东留官营村，东龙堂村，沙辛庄村 |
|  | 智慧物流小镇 | 大营镇，大营村，后营村，大崔营村，中营村，含大营集贸市场，中营小学，雄县医院分院 |
| 雄县东 | 卫星应用小镇 | 谢岗村，李岗村，双堂村（含双堂小学，双堂三清观） |
| 雄县西 | 生物育种小镇 | 赵北口镇任维大街以东，十里铺村任维大街以东 |
| 安新中 | 康养小镇 | 端村镇，大河南村，西堤村（含端村小学，端村西堤） |
| 安新西 | 科技金融小镇 | 马庄村，西马庄村，王庄村，西王庄村，烧盆庄村（安州镇新立庄村），西北村，东角村 |
|  | 文化创意游戏动漫小镇 | 南喇喇地村及以南空地 |
|  | 园艺花卉小镇 | 北边吴二村北部 |
|  | 数字文化小镇 | 同口镇，同口村，同口三村 |
| 安新南 | 绿色金融小镇 | 东白庄村，西白庄村，郝庄村 |

资料来源：根据研究文献整理得出。

当前，雄安新区科技产业创新发展在利用其现有文化遗产资源上面临着以下问题：一是地处环首都贫困带，经济长期在低位徘徊，尚处于农业和以劳动密集型制造业为主的低端工业化初中期阶段，冀中南地区悠久的历史文明、独特的自然生态、丰富的文化资源并未得到合理的开发和保护，淡漠的文化传承意识使得新区城市文化底蕴在历史发展中逐渐淡化；二是白洋淀是目前新区最为知名的自然景观，也是最具开发潜力的文化资源，但湿地面积不断减少，破碎化成片增加，多次面临干淀威胁，大量城镇生活污水、工业废水和农药化肥流入造成严重污染，在多重因素共同作用下，白洋淀已失去自净循环能力，流域生态环境岌岌可危；三是在对新区建设的专项规划实施、重大项目布局和资金统筹安排中，多集中于交通水利、生态能源、公共服务上，文化产业扶持的权重相对较低，容易引发新区建设只重视经济效益和物质功能而忽视特色城市文化品位、"千城一面"的模板化复刻；四是冀中南城乡地区面临非遗（雄县鹰抓翻子拳、安新县圈头村、安新芦苇画等）传承资金投入不足、经济效益产出低下、缺乏专业指导、业务基础薄弱、无法异地安置，以及传承人老龄化、继承人断代化等严重问题。

## 二、中关村成果落地雄安机制

中关村科技园可充分利用雄安新区现有资源优势进行高科技产业分工协作与协同发展，共建特色创新小镇，以《京津冀产业转移指南》及《关于加强京津冀产业转移承接重点平台建设的意见》为指导，可双向增强两者新"两翼"的高端产业吸引力，集中力量打造四大战略合作功能区，以实现区域产业集群协同创新效应。当然，在中关村科技园与雄安新区形成协同创新状态后，可先根据不同的关键性资源差异及其投资收益偏好，进行非对称的配置产业创新控制权力。通常的做法是，在各类产业协同创新项目上，保持各自模块经济权利不变，但放大或缩小各自战略决议权力。事实上，作为易于对未来协同创新的补偿，区域科技方向战略决议权力在被放大或缩小的同时，其经济权利就应相应地缩小或放大。一般情况下，雄安新区控制权力缩小，其从协同创新项目中索取的经济权利就应被放大，而中关村科技园正好相反。由此，满足异质性园区需求。不仅能够激发中关村科技园对未来产业发展战略把控的权力偏好，同时也能够满足雄安新区对协同创新经济收益的要求，而且还能够降低各类园区满足偏好所耗费的创新成本。在很大程度上，既减轻了优势园区控制协同项目所需集中的资源压力，又避免劣势园区投入大量资源所面临的产业波动。若强烈要求科技园区协同创新中的经济权利与控制权力相互捆绑且必须对等，则会造成两者都未能在拥有不同关键性资源的不同园区间达到均衡分配，极易挫伤京津冀科技园区协同创新的积极性。所以，各级政府应针对本地特色的具体实际情况，进行必要的选择。

在京津冀产业结构空间内，如图5-3所示，中关村科技园要积极吸纳和集聚区域各地创新资源要素，加快形成京津冀产业集聚效应和协同创新示范作用，并率先与雄安新区现有产业形成优势互补、分工有序和合作紧密的新兴产业梯度发展体系，为园区协同创新和产业联动发展以及区域经济深度融合打下坚实的基础。以智能制造和生物医药等重点产业为先锋，以"互联网+"和云制造等产业向制造业的深度渗透和应用为手段，中关村科技园结合雄安新区原有产业基础并集合京津冀其他省市县的优势创新资源，支持并共建一批协同创新能力突出、产业空间布局合理的特色小镇及工业园区，在津冀形成多个示范引领和辐射带动效应明显的创新型科技产业园和区域创新中心区。中关村科技园参与共建雄安新区，既能给雄安新区带来互补的关键性创新资源（如管理经验、技术创新等），又能盘活现有技术存量，为其开拓新的市场，更有利于各地政府制定区域下一步产业转型升级的宏微观调整政策。由此，进一步发挥中关村科技园带动雄安新区促进京津冀经济增长的引领作用。相反，若中关村科技园保持独占市场份额的经济思维而不支援建设雄安新区，或对其参与区域协同创新设置不必要的流程及机制障碍。那么，就会可能出现分裂竞争及利益角逐，或仅为形式上的协同创新摆设。所以，要创新顶层设计的行政协同机制，使雄安新区各产业园或特色小镇能够在一定条件下积极参与某些重大协同创新的决策事项，也可以被赋予更大的决议权力。这样，也易于形成雄安新区与中关村科技园间的权力制衡。

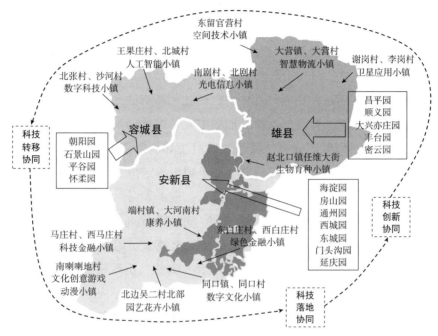

**图5-3　中关村产业园区抱团对口支持雄安新区特色小镇**

资料来源：笔者根据研究文献整理得出。

事实上，除专用性资源有差异外，不同园区还存在异质性的利益诉求，有时还表现为与协同创新项目绩效上的不一致性。所以，按当地资源禀赋及其投入的市场价值进行项目收益分配的制度安排，并未实现各园区的经济收益与权力配置间相统一。尤其是中关村科技园创新资源丰富，市场价值较高，位居全球价值链分工的中高端，而雄安新区缺少新兴产业积累，也缺乏创新资源禀赋，仅靠传统产业资源以市场化交易价格参与协同创新项目投入及其收益分配，会使其难以达到超越式发展的区域产业目标，导致与中关村科技园产生利益冲突。特别是在信息不对称情况下，极有可能将减损协同创新项目价值共创的动机转化为治理现实。所以，形成协调有序的京津冀科技园区协同创新机制，才能很好地应对园区原始资源禀赋与异质性利益诉求的矛盾冲突，更好地协调各园区间的利益矛盾，避免区域协同创新项目治理的效率下降。中关村科技园精准支持雄安创新，利用地理邻近性优势，实现以点带面。利用地理邻近性优势，中关村支持区域内产业链环节转移对接，针对其可能引发的创新联系弱化问题优化体制机制，保持京津冀区内各创新园区创新链、产业链、资源链、政策链的高效对接与深度融合。

如表 5-3 所示，充分发挥中关村科技创新引领作用，强化中关村对京津冀产业转型升级的支撑，形成中关村津冀创新园区链布局，构建京津冀协同创新产业群。按照"政府主导、国企带动、政策集成、资源汇聚"的思路，紧紧围绕北京城市副中心定位（市属行政事业单位整体或部分转移，大力发展行政办公、商务服务、文化旅游、科技创新等主导产业）、河北雄安新区功能（重点发展高端高新产业，打造创新高地和科技新城），推动中关村精准支持曹妃甸协同发展示范区（结合北京非首都功能疏解和区域产业结构升级，引导钢铁深加工、石油化工等产业及上下游企业集聚）、北京新机场临空经济区（重点发展航空物流产业、综合保税区和高新高端产业，打造国家交往中心功能承载区、国家航空科技创新引领区和京津冀协同发展示范区）、天津滨海新区（引导北京金融服务平台、数据中心机构以及科技企业、高端人才等创新资源集聚）、张承生态功能区（发挥 2022 年冬奥会筹办的牵引作用，携手张家口大力发展体育、文化、旅游休闲、会展等生态友好型产业，共建京张文化体育旅游带）的产业承接。

表 5-3　中关村 16 个高科技产业园区

| 园区 | 特色 |
| --- | --- |
| 海淀园 | 以 IT 产业为主导的高新技术产业企业总部和企业研发总部聚集区 |
| 昌平园 | 新型能源、高端现代制造、生物医药三大支撑产业，形成国家级工程技术研发中心和国家级企业研发中心集群 |
| 顺义园 | 下一代互联网、移动互联网和新一代移动通信、卫星应用、生物和健康、节能环保、轨道交通六大新优势集群以及集成电路、新材料、新能源汽车、高端装备与通用航空四大潜力集群 |

续表

| 园区 | 特色 |
|------|------|
| 大兴亦庄园 | 生物制药、现代中药、创新化药、医疗器械四大主体板块，"大健康"、动物疫苗及动物用药两大拓展板块 |
| 房山园 | 汽车整车制造、高端汽车零部件配套、新能源汽车、城市轨道交通设备制造等新兴产业集群 |
| 通州园 | 战略性新兴产业和以文化创意产业为代表的现代服务业 |
| 东城园 | 应用下一代互联网、大数据、移动娱乐、移动办公、移动电子商务、数字文化、数字版权、数字生活等新兴服务业 |
| 西城园 | 以研发设计、出版创意、科技金融为主要支撑的产业格局 |
| 朝阳园 | 电子信息、生物医药、高技术服务三大产业 |
| 丰台园 | 以软件、生物医药、光机电为主体，涵盖新材料、新能源、高效节能与环保的高科技产业带 |
| 石景山园 | 现代金融、高新技术、文化创意及科技服务等新兴高端产业 |
| 门头沟园 | 以数控装备、生物医药、仪器仪表、机械等行业为主体的产业集群 |
| 平谷园 | 以通用航空为主的高端装备产业、高端食品与健康产业、现代物流和电子商务产业、音乐文化创意产业为四大主导产业 |
| 怀柔园 | 纳米科技在能源、电子、环境、生物医药的应用、云计算应用、物联网关键技术研发、大型数据中心服务、数字内容等服务业态 |
| 密云园 | 汽车及零部件、新型建材、食品饮料、电子信息、生物医药等五大主导产业 |
| 延庆园 | 以纺织服装、生物医药、绿色食品等产业为特色的三大产业聚集区 |

资料来源：笔者根据研究文献整理得出。

## 三、与雄安新区协同创新建议

以京津冀协同发展为战略依据，结合各地创新资源禀赋与科技实力，并基于模块化创新的理论逻辑，设计出中关村科技园与雄安新区特色小镇的对口协同创新框架，对构建"一核两翼"京津冀科技园区模块化创新环链布局产生示范效应，如图5-4所示。由此，要紧密围绕《京津冀协同发展规划纲要》，继续深入推动中关村科技园成果转化落地雄安新区，有助于推进北京非首都功能产业疏解以及雄安新区精准承接产业转移，确保非首都功能转得来、留得下、稳得住、能发展，形成布局合理、错位发展、功能协调、产业集聚、建设专业的中关村津冀创新园区链的区域地理空间结构。具体来说，有以下三点对策与建议。

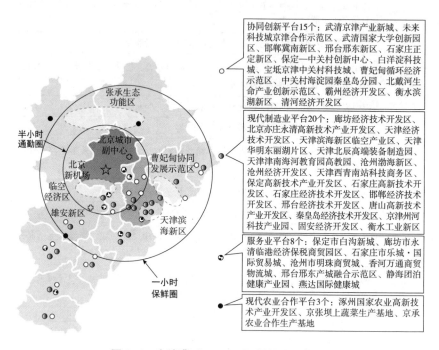

图 5-4　京津冀"2+4+46"创新园区布局

资料来源：笔者根据研究文献整理得出。

一是中关村科技园管委会与雄安新区管委会可联合成立协同创新工作领导小组和科技产业协同发展战略联席会，做好顶层设计。同时，建立各级政府综合协商机制，共同研制重大政策、协调重要问题；落实各科技部门职责，做好"规划编制、方案实施、招商选资"；与国家有关科技部委接应，争取重点项目纳入国家专项支持范围；推动重点扶持有重大专利成果的科技企业享受各级税收优惠，落实专利交易退税、抵免减免税、延期纳税，深入推进产学研用相结合。中关村科技园公平参与雄安新区建设及京津冀科技园区产业环链管理，主抓科技创新，把控行业标准；优化以政府为主导的多园区合作框架，形成多园区协同治理模式；要着力完善园区创新链反馈机制，落实各科技服务部门责任；坚持产业疏解与转型升级相统一，不断完善共建、共管体制机制，强化规划引导与空间管控，促进先行政策交叉覆盖。此外，探索研发代工等模块化创新模式，由高校院所与社会资本合建新型研发机构，形成利润捆绑关系，并根据市场需求开展定制化的技术研发，以实现"从基础研究到产业化落地，再到后续改良和持续升级"的无缝衔接。在"十四五"期间，设立新型研发机构的试点园区由政府主导，以探索政产学研模块化协同创新机制为主要目的，锁定若干典型高新技术领域（如石墨烯、人工智能、新能源汽车、生物医疗等），吸纳各园区参与并实行"多轮驱动"。一方面，各地政府给予持续的经费投入，发挥"谋划长远，集中力量办大事"的制度优势，坚持不懈地推进原创性和颠覆性技术研发，充分体现京津冀协同发展的国家战略指向；另一方面，通过协同创新政策导向，鼓励各园区积极参与，充分发挥市场引领作用，避免高校院所研发活动与市场脱节，可开展一对一定制化研发服务。

二是梳理中关村科技园与雄安新区合作项目的奖惩及融资管理体制。健全重点文化遗产资源开发与保护项目库，定期报备；助力雄安各园区与央企对接合作，带动市级重大产业创新项目落地新区建设；中关村科技园可利用数字技术创新成果转化落地雄安新区并建立项目进度考核制，每年表彰先进园区；设立或补充创新创业风投引导基金，为优先进驻雄安园区企业的专利申请开辟绿色通道；发挥跨区财政基金杠杆对中关村科技园扶持雄安新区产业投资的撬动作用；促成京津冀园区建立跨区环链布局的"工商、质检、公安、认证"等外向型部门联动机制，建立合理的利益共享和税收征管机制；率先统一中关村科技园与雄安新区特色小镇间的知识产权"开发、保护、运营"标准，取消与减少不必要的跨区审批；建立各省市科技园区间跨区知识产权中介与保障服务机构，及时提供两地"法律法规、市场需求、投资信息、税收补贴、劳工资源"等大数据服务平台；开办京津冀创新园区合作成果展示会与项目洽谈会，采取新媒体手段宣传，联合发布重大科技攻关项目；建立容错纠错机制和风险防范机制及配套政策，任何科研创新都有挑战失败的风险，特别是在新兴科技领域能真正取得创新成果的园区很少。另外，科研成果转化也是一个长期过程。若无容错纠错制度保障，很难激励科研人员充分发展，也不利于创新资本积累。所以，需提前设计成果研发与转化的风险防范机制，尽可能合理合法地消除园区企业顾虑。京津冀各地政府可根据数字经济发展需要，有针对性地制定相应的配套政策最大限度地释放政策红利。例如，按数字经济特区的模式对雄安新区高新科技产业园进行先行先试；或出台一系列鼓励科技创新和成果转化的区域政策，设立专门管理新型研发机构的政府部门，一对一地提供政策解读和服务，或选派园区企业管理人员到政府兼职。

三是构建中关村科技园与雄安新区高端创新人才流动与发展平台。借助中关村科技园先进的成功经验，高标准建立雄安新区科技人才评价体系，以实现与国际接轨，创新聘任、薪酬方式，搭建国际高端人才交流平台；制定中关村科技人才输入雄安新区落户买房、子女上学、医疗社保等优惠政策，将其境外合作企业及金融机构人才引入雄安新区；引导中关村科技园内高校院所人才进驻雄安新区实习，适时选派科技国有企事业单位青年赴雄安新区挂职；鼓励雄安新区科技企业建立内部人才绩效评价和成果转化激励机制，切实保障人才创新利益，培养具有创新管理、创业素质、国际视野等综合能力的科技领军人才；协同推进京津冀园区管理标准化与一体化改革，以完善利益分享机制；加快推进研发代工等政产学研新型合作机制改革，创新与国际接轨的聘任及薪酬方式，搭建国际高端人才交流平台；合理规划京津冀科技园区基础设施建设和公共服务平台建设，推动科技园区与各地社区融合为特色产业小镇；共建雄安特色小镇创新文化，培植积极创业、努力创新的文化氛围；统一科技人才绩效评价体系和园区管理体制；在中关村科技园和雄安新区建立支持新型研发机构模块化创新的政策试点。在设立新型研发合作平台的雄安新区产业园区内实施新的科研评价制度改革。不同于通常以发表论文和申请专利为目标的传统高校院所，基于研发代工模块化协同创新的新型研发机构是以专利转化与落地应用为目标的科技研发，将科技成果转化效果作为重要评价标准，真正起到理论联系实际的驱动作用。在设立的雄安新型研发机构及其所在科技产业园内，对科技创新领军人才及研发团队的项目评审、人才评价、机构评估等，应建立以成果转化效益作为评价标准的政策试点，将科研成果论文数量与其转化收益对等折算为指标体系，以综合考核科技类科研人员的绩效水平，让评价体系更能服务于雄安新区技术创新。

# 第六章
## 研究结论

进入新时代，以人工智能、大数据、云计算、5G 通信等数字科技为代表的新工业革命浪潮席卷而来，特别是又遭遇全球新型冠状病毒感染蔓延、世界贸易保护主义抬头，京津冀协同发展比以往任何时候都迫切地需要利用科技园区协同创新力量，推动区域产业全面复苏。"要于危机中育先机、于变局中开新局，必须向科技创新要答案。"[①] 在新发展格局下构建跨区模块化创新，塑造科技园区协同创新优势，对推进京津冀协同发展战略工作提出了更高要求。双循环新发展格局是党中央针对我国经济社会新形势而做出长期谋划、主动求变的前瞻性战略决策，为进一步加快京津冀科技园区协同创新打好了前提基础。当今，世界已进入百年未有之大变局，构建京津冀科技园区协同创新环链布局是应对其风险危机的必然选择。党的十九大指出，我国经济已由高速增长阶段转变为高质量发展阶段，京津冀各科技园区必须转变过去引进模仿国外科技、低要素成本出口导向等增长方式突破瓶颈，调整优化各地新兴产业结构，挖掘国际市场竞争新优势，形成区域可持续发展新动能。习近平总书记指出，"要深化供给侧结构性改革，充分发挥我国超大规模市场优势和内需潜力，构建国内国际双循环相互促进的新发展格局"[②]。

党的二十大报告提出，"深入实施区域协调发展战略、区域重大战略、主体功能区战略、新型城镇化战略，优化重大生产力布局，构建

---

① 习近平. 在中央政治局第二十四次集体学习时强调：深刻认识推进量子科技发展重大意义 加强量子科技发展战略谋划和系统布局 [N]. 人民日报，2020-10-18（1）.

② 2020 年 5 月 14 日中共中央政治局召开会议，分析国内外新型冠状病毒感染防控形势，研究提升产业链供应链稳定性和竞争力，习近平总书记发表了重要讲话。

优势互补、高质量发展的区域经济布局和国土空间体系"。京津冀各地要围绕新发展理念,实施供给侧结构性改革,构建新发展格局,提升其科技园区协同创新能力,达到创新驱动高质量发展目标。一方面,扩大内需以利用超大规模国内市场加速资源循环,同加快供给侧结构性改革有机结合,激发京津冀科技园区协同创新动力;另一方面,促进国内国际资源循环,拓展京津冀科技园区协同创新投资领域,增大科技应用产业化落地空间。当前,世界进入百年未有之大变局,京津冀科技园区也面临协同创新与改革发展的新挑战。但是,京津冀科技园区没有高科技资源积累,不具备创新先天优势,面临生产设备老、沉没成本高、管理方式旧、人才引力弱、改革容忍差等问题。特别是在缺技缺资的困境下,面对颠覆性转型升级,京津冀科技园区对协同创新抵触情绪更高。化危为机,唯有构建国内国际资源循环体系,才能有效提升京津冀科技园区跨区模块化协同创新能力,突破核心技术封锁,形成安全稳定的产业链供应链,实现协同创新驱动发展,在国际不确定性新形势下保持新时代京津冀经济发展的韧性。也就是说,资源循环强调京津冀科技园区协同创新的动态系统性和畅通稳定性。

以市场供需关系为基础,在横向广度、纵向深度及时间速度等维度上,京津冀科技园区各要素质量与数量紧密互动。不仅匹配为区域产业网络,而且协调成区际合作。京津冀科技园区协同创新是微观复杂的系统活动。既有其独立的演进规律,也与整体资源循环系统共同演进。在不同的发展阶段、组合机制和演化路径上,京津冀科技园区协同创新能力都表现出不同差异。在京津冀协同发展与首都非功能疏解的国家战略背景下,亟须以北京市为核心,充分发挥各科技园区的创新引领作用,完善高科技产业结构和区域产业布局,保障京津冀建立科学合理的供应链战略关系,实现区域产业链分工、资源互补,快速复工复产。其中,建立京津冀科技园区的跨区模块化协同创新环链集群,也将成为"深化供给侧结构性改革,加速构建国内国际双循环相互促进的新发展格局"的重要环节。建设全国科技创新中心,也是党中央国务院着眼于建设世界科技强国对首都发展做出的重大战略部署。作为构建国家创新体系的重要支撑,北京引领京津冀协同创新,成为推进北京服务于"一核两翼"城市群战略定位和创新发展的核心任务。

通过论述京津冀园科技区环链布局与模块化协同创新机制的理论渊源，本书得出以下结论。马克思恩格斯有多部著作中都提及科技创新与人类社会的密切联系，特别是在资本主义生产过程中科技创新对社会生产力发展起到十分重要的推动作用。既表明了资本主义科技创新产生的巨大社会生产力而出现压迫工人的社会现实，又指出了科技创新也会加速资本主义私有制走向灭亡的辩证逻辑。进入新时代，习近平总书记在吸收借鉴马克思恩格斯科技创新思想的基础上，提出了京津冀协同发展战略，并全面阐述了关于科技创新的系列重要观点。不仅在世界百年未有之大变局下极大地发展了京津冀科技园区协同创新理论，而且也构成了习近平新时代中国特色社会主义科技创新思想的重要部分，为当前及今后京津冀协同创新工作提供了重要指南。在党中央的核心指导下，京津冀各政府部门都将协同创新作为经济高质量发展的重要驱动力，从区域创新体系的顶层设计层面又提出了多项政策要求，为建设成创新型科技园区提供更为有力的政策支持。

通过阐释京津冀科技园区环链布局与高科技产业协同创新的现实基础，本书得出以下结论。改革开放后京津冀科技园区聚焦区域经济建设并取得了各项重大科技专项成果，都离不开党中央对京津冀协同发展的重要战略部署。进入新时代，京津冀科技园区建设取得了各项突出成就，多项国家重大战略核心技术都处于世界领先水平，也积累了大量技术创新的历史经验。伴随着区域经济发展的不断深入，京津冀科技园区协同创新的模式优化及路径选择将是一个动态的变化过程，并发挥着更关键的引领作用。作为确保区域经济安全及稳定发展的重要力量，京津冀科技园区通过协同创新逐渐建立起各种新的生产方式，并利用各类创新资源不断创造出新的生产要素，为区域传统产业转型升级注入新活力，给京津冀经济发展又带来了持续动力。而且，有助于促进创新要素区域集聚，构成更为完备有效、自主可控、稳定安全的产业链供应链体系。同时，加快各链上下游及其周边企业动态匹配及共同演化。通过各链内资源互补，实现全链协同创新及整合升级。

在现阶段，京津冀已涌现出一批具有国际竞争力、世界一流的龙头科技园区，在载人航天、探月工程、深水钻井、高速铁路等关键领域都拥有自主知识产权的国际前沿技术，并不断引导带动周边企业优化创新资源。当前，全球经济格局面临深刻调整。国际贸易投资单边保护主义等逆全球化倾向显著，作为和平崛起的新兴大国，我国却总受到发达国家科技打压及贸易封锁。京津冀科技园区协同创新将同时面对国内外各种不稳定性、不确定性风险。

通过剖析京津冀高科技产业跨区模块化协同创新演化的逻辑框架，本书得出以下结论。京津冀科技园区协同创新是微观复杂的系统活动。既有其独立的演进规律，也与整体资源循环体系系统共同演进。在不同的发展阶段、组合机制和演化路径上，京津冀科技园区协同创新能力表现都会有所差异。在内涵型协同创新混合体模式中，构建科学合理的国内资源循环，发挥市场配置的决定性作用并配合政府有利的干预协调，形成了区域产业链供应链与全球价值链相融合的综合导向型产业政策，与京津冀科技园区协同创新相匹配，引导其在关系区域经济全局和国家战略需要的重大科技领域实现突破。同时，要积极融入数字经济，塑造以数字化、信息化为典型特征的新型工业生产方式，不断为京津冀创新驱动新产业技术和新业态模式注入新的发展动力。此外，京津冀科技园区不仅要正确认识新时期区域资源优势，也要与国际产业链供应链融合，准确把握新时代科技创新规律。针对不同类型的环境变化，可适当采取外延型协同创新共同体模式，能及时调整为精准适当的创新活动，以实现弯道超车及并行发展。在发达国家不断推行对华科技"脱钩"政策的恶劣环境下，京津冀应加快融入国内国际资源循环，有助于其科技园区协同创新并形成非对称竞争优势。既要保持独立自主，又要对外多边开放。此时，可实施能兼顾创新赶超与合作共赢的综合型协同创新生态体模式。在全球价值链中，不仅要防止被边缘化，还要避免沦为附庸。特别是针对长期被发达国家"卡脖子"的核心技术及关键部件，京津冀科技园区要将提升协同创新能力与全球价值链分工调整及国际市场竞争新形势相结合适配。

# 参考文献

［1］中共中央关于制定国民经济和社会发展第十三个五年规划的建议［N］. 人民日报，2015-11-04（1）.

［2］习近平. 关于《中共中央关于制定国民经济和社会发展第十四个五年规划和二〇三五年远景目标的建议》的说明［N］. 人民日报，2020-11-04（2）.

［3］习近平. 坚持和完善中国特色社会主义制度推进国家治理体系和治理能力现代化［J］. 社会主义论坛，2020（1）：4-7.

［4］习近平. 紧扣一体化和高质量抓好重点工作 推动长三角一体化发展不断取得成效［N］. 人民日报，2020-08-23（1）.

［5］习近平. 论坚持党对一切工作的领导［M］. 北京：中央文献出版社，2019：102.

［6］习近平. 全面加强知识产权保护工作 激发创新活力推动构建新发展格局［J］. 求是，2021（3）：4-10.

［7］习近平. 在第七十五届联合国大会一般性辩论上的讲话［J］. 中华人民共和国国务院公报，2020（28）：5-7.

［8］习近平. 在第三届中国国际进口博览会开幕式上的主旨演讲［N］. 人民日报，2020-11-05（2）.

［9］习近平. 在纪念马克思诞辰200周年大会上的讲话［M］. 北京：人民出版社，2018：18.

［10］习近平. 在教育文化卫生体育领域专家代表座谈会上的讲话［N］. 人民日报，2020-09-23（2）.

［11］习近平. 在经济社会领域专家座谈会上的讲话［N］. 人民日报，2020-08-25（2）.

［12］习近平．在科学家座谈会上的讲话［N］．人民日报，2020-09-12（2）．

［13］习近平．在企业家座谈会上的讲话［N］．人民日报，2020-07-22（2）．

［14］习近平．在深圳经济特区建立 40 周年庆祝大会上的讲话［N］．人民日报，2020-10-15（2）．

［15］习近平．在网络安全和信息化工作座谈会上的讲话［N］．人民日报，2016-04-26（2）．

［16］习近平主持召开中央财经委员会第八次会议强调 统筹推进现代流通体系建设 为构建新发展格局提供有力支撑［J］．中国金融家，2020（9）：10-11．

［17］习近平主持召开中央财经委员会第五次会议强调 推动形成优势互补高质量发展的区域经济布局 发挥优势提升产业基础能力和产业链水平 李克强王沪宁韩正出席［J］．时事报告，2019（9）：8-9．

［18］习近平．在中央政治局第二十四次集体学习时强调：深刻认识推进量子科技发展重大意义 加强量子科技发展战略谋划和系统布局［N］．人民日报，2020-10-18（1）．

［19］李克强．政府工作报告——2014 年 3 月 5 日在第十二届全国人民代表大会第二次会议上［J］．中华人民共和国全国人民代表大会常务委员会公报，2014（2）：191-204．

［20］李克强．中共中央 国务院印发《国家创新驱动发展战略纲要》［N］．人民日报，2016-05-20（1）．

［21］李克强．中华人民共和国国民经济和社会发展第十四个五年规划和 2035 年远景目标纲要［N］．人民日报，2021-03-13（1）．

［22］陈林．"双循环"新发展格局下产业升级的关键［J］．人民论坛，2021（2）：38-40．

［23］陈宗胜，杨晓康．市场里的企业：一个非合作讨价还价重复博弈［J］．管理世界，1997（6）：116-125．

［24］程恩富，吴文新．论自主创新的若干问题［J］．红旗文稿，2019（18）：27-29．

［25］储小平，王宣喻．私营家族企业融资渠道结构及其演变
［J］．中国软科学，2004（1）：62-67.

［26］翟绪权，徐传谌．"十四五"时期国有经济布局于高技术产业：原因探析、战略价值与政策建议［J］．马克思主义与现实，2021（4）：157-163.

［27］何郁冰，韩秋敏，曾益．自主创新对于中国制造业国际竞争力的影响［J］．科研管理，2019，40（7）：33-46.

［28］贺灿飞，王文宇，朱晟君．"双循环"新发展格局下中国产业空间布局优化［J］．区域经济评论，2021（4）：54-63.

［29］胡国良，王继源．全球产业布局调整背景下中国制造业外迁问题研究［J］．财贸经济，2020，41（1）：50-64.

［30］胡家勇．论完善产权保护制度［J］．经济学动态，2014（5）：34-41.

［31］胡林元，徐婕，邓大胜．我国 R&D 经费投入规模、强度的比较研究［J］．今日科苑，2020（8）：27-38+76.

［32］黄群慧．新发展格局的理论逻辑、战略内涵与政策体系——基于经济现代化的视角［J］．经济研究，2021（4）：4-23.

［33］黄群慧．以产业链供应链现代化水平提升推动经济体系优化升级［J］．马克思主义与现实，2020（6）：38-42.

［34］江小涓，孟丽君．内循环为主、外循环赋能与更高水平双循环——国际经验与中国实践［J］．管理世界，2021，37（1）：1-19.

［35］金民卿．改革开放是具有鲜明个性的伟大社会革命［J］．马克思主义研究，2018（11）：40-49.

［36］李猛，黄庆平．"双循环"新发展格局下的创新驱动发展战略——意义、问题与政策建议［J］．青海社会科学，2020（6）：31-40.

［37］刘鹤．加快构建以国内大循环为主体、国内国际双循环相互促进的新发展格局［J］．党的生活（河南），2020（23）：4.

［38］刘诗源，林志帆，冷志鹏．税收激励提高企业创新水平了吗？——基于企业生命周期理论的检验［J］．经济研究，2020，55（6）：105-121.

［39］刘玉荣．全球价值链重塑背景下中国国际分工地位测度与演变趋势分析［J］．南京邮电大学学报（社会科学版），2020（4）：41-57．

［40］卢周来．缔约视角下的企业内部权力之谜［M］．北京：中国人民大学出版社，2009：54．

［41］渠慎宁，杨丹辉．美国对华关税制裁及对美国在华投资企业的影响［J］．国际贸易，2018（11）：37-44．

［42］任保平．"十四五"时期构建基于双循环新发展格局的政治经济学逻辑［J］．长安大学学报（社会科学版），2021，23（1）：2-7．

［43］汪发元．构建"双循环"新发展格局的关键议题与路径选择［J］．改革，2021（7）：64-74．

［44］王一鸣．百年大变局、高质量发展与构建新发展格局［J］．管理世界，2020（12）：1-13．

［45］王振中．新发展格局明确了我国经济现代化的路径选择［J］．政治经济学研究，2021（3）：10-14．

［46］吴金明，钟键能，黄进良．"龙头企业"、"产业七寸"与产业链培育［J］．中国工业经济，2007（1）：53-60．

［47］肖利平，谢丹阳．国外技术引进与本土创新增长：互补还是替代——基于异质吸收能力的视角［J］．中国工业经济，2016（9）：75-92．

［48］姚冬琴．推进"混改"，当前需警惕三大问题［J］．中国经济周刊，2014（39）：40-42．

［49］张劲帆，李汉涯，何晖．企业上市与企业创新——基于中国企业专利申请的研究［J］．金融研究，2017（5）：160-175．

［50］张平，杨耀武．疫情冲击下增长路径偏移与支持政策——基于对企业非均衡冲击的分析［J］．经济学动态，2020（3）：22-34．

［51］张文魁．国资监管体制改革策略选择：由混合所有制的介入观察［J］．改革，2017（1）：112-120．

［52］赵炎，王冰，郑向杰．联盟创新网络中企业的地理邻近性、区域位置与网络结构特征对创新绩效的影响——基于中国通讯设备行业的实证分析［J］．研究与发展管理，2015，27（1）：124-131．

［53］周中胜，李卓，周胡迪．"双循环"新发展格局下制造业企业转型升级的理论逻辑、战略方向与实现路径［J］．苏州大学学报（哲学社会科学版），2022，43（1）：38-48.

［54］奥利弗·E. 威廉姆森．资本主义经济制度［M］．段毅才，王伟，译．北京：商务印书馆，2010：112.

［55］Almazan A, Hartzell J, Starks L. Active institutional shareholders and cost of monitoring: evidence from executive compensation ［J］. Financial Management, 2005 (34): 5-34.

［56］Donaldson T, Preston E. The stakeholder theory of the corporation: concepts, evidence, and implications ［J］. Academy of Management Review, 1995, 20 (1): 65-91.

［57］Gilbert A, Mcdougall P. Clusters, knowledge spillovers and new venture performance: an empirical examination ［J］. Journal of Business Venturing, 2008, 23 (4): 405-422.

［58］Grant M. Toward a knowledge-based theory of the firm ［J］. Strategic Management Journal, 1996, 17 (S2): 109-122.

［59］Kathleen E, Jeffrey M. Dynamic capabilities: what are they? ［J］. Strategic Management Journal, 2000, 21: 1105-1121.

［60］Klein B, Crawford G, Alchian A. Vertical integration, appropriable rents, and the competitive contracting process ［J］. The Journal of Law and Economics, 1978, 21 (2): 297-326.

［61］Weale A. Embedded case study methods: integrating quantitative and qualitative knowledge ［J］. Journal of Advanced Nursing, 2010, 41 (2): 203.

# 后 记

改革开放以来，对京津冀科技园区协同创新发展的实践探索从摸着石头过河到逐步建立起跨区模块化协同创新环链布局。一边摸索实践、一边转型前进。在此过程中，科技创新和制度创新都发挥了很大作用。两者结合使京津冀科技园区也经历了从引进吸收到模仿集成再到自主研发及协同创新的路径演化过程，也从大起来（资产规模）向强起来（科技实力）方向迈进。但当今世界正在经历百年之未有之大变局，京津冀科技园区面对的国内外大环境也正发生着深刻变化。倘若对现代工业生产技术和产业经济发展规律没有准确的理解和把握，就很难顺利实现转型升级。进入新时代，京津冀经济正从高速增长阶段转向高质量发展阶段。作为环首都经济圈，京津冀科技园区也应该不断调整生产方式，以适应区域经济发展战略调整。而近些年，在面对世界新科技蓬勃兴起的同时，京津冀科技园区也要被迫应对新的国际形势。过去，各园区过度追求做大而采用粗放的劳动密集型生产方式，但未能实现京津冀高质量增长，反而需要依赖国际市场需求。同时，只是一味地模仿国外技术或直接购买现成设备使用，又使其生产过程受制于人。以此，说明模仿集成式的追赶创新已经过时。党的十九大提出创新是引领发展的第一动力。习近平总书记根据京津冀具体实际及国际政治经济环境变化，提出了京津冀协同发展、疏解非首都功能、"一核两翼"高标准建设雄安新区、坚定不移走中国特色自主创新道路及构建双循环新发展格局等战略思想。所以，要是能利用京津冀现有科技资源优势，抓住经济纾困时机，并搭乘新一轮经济全球化浪潮，就能够使各科技园区进行协同创新而化危为机。由此，也选定了京津冀科技园区模块化协同创新环链布局及演化路径为题。

　　本书针对不同创新资源循环状态下京津冀科技园区选取的协同创新路径进行典型案例分析。首先，按照国内资源整合、国际资源耦合及统筹国内外资源三种循环条件，非随机定向选取北京石墨烯研发代工、文创实验区国际协同及中关村共建雄安小镇为典型案例，分别对应于京津冀科技园区的内涵型协同创新混合体、外延型协同创新共同体和综合型协同创新生态体等三种驱动模式。其次，收集其沿革档案、新闻报道等二手资料，以及中金、国投等证券公司的策略分析报告、国泰安、万得等数据库的调研报告，还有社科院、国研中心等科技研报。再次，分类整理资料，即反复阅读材料、运用思维导图及逻辑链条串联各文本提要，并抽象编码和陈列归类。最后，采用嵌入式单案例纵向分析及探索性多案例平行归纳①，先从三种驱动模式开始，再回归到主理论命题，确认京津冀科技园区中关键性资源与协同创新的构想关系，并明确其中隐藏的资源权力。其中，还尝试运用历史唯物主义方法，以创新资源循环与协同创新能力互动后形成的生产力决定了供应链与京津冀科技园区生产关系为主线，得出了"加快资源双循环→推进园区协同创新→转型升级产业链供应链→区域经济发展→更加速双循环→提升园区协同创新力→稳定安全产业链供应链→区域经济更高质量发展"螺旋上升式的逻辑简化线路。

　　本书依靠北京第二外国语学院拥有的优质研究资源平台，与美国、日本和韩国等国外高校保持着多年的研究与教学合作关系，相互之间能够共同分享数据库资源。如 Ebsco 数据库、Proqest ABL 数据库、SDOS 数据库和 IEL 数据库等。本书得到了多位海外学者的认可，进行了较为深入的合作与探讨。多年来，笔者一直从事与本书研究相关领域的教学与研究工作，研究方向为技术经济与管理。在国际相关杂志、国内权威期刊上，如《管理世界》《中国工业经济》《中国软科学》等，先后发表论文十余篇。参与国家自然科学基金、国家社会科学基金及省部级以上社科研究项目四项，主持并完成校级科研课题一项。

---

　　① Weale A. Embedded case study methods: integrating quantitative and qualitative knowledge [J]. Journal of Advanced Nursing, 2010, 41 (2): 203.

积累了丰富的研究经验，并培养了较高科研能力与项目管理能力。而且，本书研究组成员间的知识结构搭配合理，外文阅读与翻译功底扎实，具有团队协作意识。其中，主要研究组成员曾独立主持并完成多项国家级科研项目，或多次参与省部级以上社科项目，并发表了多篇相关论著。研究组成员已出版的专著中包含了部分研究所需要的京津冀高科技产业发展数据，为本书的研究奠定了良好的基础。

同时，本书得到了多家上市公司及咨询机构的支持，如中联控股集团、万得资讯公司、国泰君安证券公司等，提供了本书内容所需的数据及重要的二手资料。通过 MBA/EMBA 学员、校友企业和校合作单位的协助，也能顺利展开对相关企业的走访调研与问卷调查。本书成果的应用价值主要体现在以下三方面：一是国家或地方发展改革委、各地市深化改革领导小组、国务院发展研究中心、中关村管委会等政策制定部门，预期会接收并使用本书研究结论及对策建议，对"深化京津冀科技园合作、有效疏解非首都功能、助力京津冀协同发展"具有现实的参考价值；二是中关村园区企业、高科技行业咨询机构以及津冀地方国企、民企与外资企业，预期会获取并借鉴本书的统计数据与调研资料，对"拓展经营范围、升级创新模式，提高制造工艺等经济行为"提供理论指导；三是高校教师、科研院所人员与在校研究生，预期会参照并引用本书研究中的京都科技园典型案例、东京圈技术创新政策资料、京津冀创新规模演化及人才流动仿真数据等，从事相关的教学与研究，以及对京津冀协同发展相关问题的研究提供理论借鉴与实证依据。

郭斌

2022 年 10 月 30 日